suhrkamp ta

Edward Conze (1904–1979) wurde als Kind deutscher Eltern in England geboren. Nach seinem Studium der Philosophie, Psychologie und Indologie in Tübingen, Heidelberg, Kiel und Köln hat er sich in zahlreichen Büchern und Aufsätzen der Erforschung und Interpretation des Buddhismus gewidmet. 1933 emigrierte er vor dem »lärmenden ultrapatriotischen alldeutschen Militarismus« nach England.

Edward Conze stellt die Geschichte des Buddhismus von ca. 500 v. Chr. bis in unsere Zeit dar, indem er die vielfältigen Ausformungen dieser Weltreligion in Süd-, Zentral- und Ostasien prägnant skizziert.

Conze unterteilt die 2500 Jahre der Geschichte des Buddhismus in drei Perioden von je 500 Jahren (von 500 v. Chr. bis 1000 n. Chr.) und in eine vierte von 1000 n. Chr. bis heute. Das Ideal der ersten Periode (*hīnayāna*, »Kleines Fahrzeug«) ist der *arhat*, der nicht wiedergeboren wird. In ihr steht die psychologische Analyse des Selbst im Mittelpunkt. Die zweite Periode (*mahāyāna*, »Großes Fahrzeug«) betont das Mitleid mit anderen Wesen. Die dritte Periode ist die des tantrischen Buddhismus (»Diamantfahrzeug«), der die Beherrschung der kosmischen Kräfte mit magischen Mitteln zum Ziel hat.

Auf Sri Lanka sowie in Birma und Laos dominiert das »Kleine Fahrzeug«, während in Tibet, China, Korea und Japan die späteren Formen des Buddhismus anverwandelt wurden.

Edward Conze
Eine kurze Geschichte des Buddhismus

Übersetzt, herausgegeben
und mit einem Nachwort versehen
von Friedrich Wilhelm

Suhrkamp

Titel der Originalausgabe:
A Short History of Buddhism

suhrkamp taschenbuch 1297
Erste Auflage 1986

Lizenzausgabe mit freundlicher Genehmigung des
Insel Verlags, Frankfurt am Main
Suhrkamp Taschenbuch Verlag

Druck: Nomos Verlagsgesellschaft, Baden-Baden
Printed in Germany
Umschlag nach Entwürfen von
Willy Fleckhaus und Rolf Staudt

4 5 6 7 8 9 – 99 98 97 96 95 94

INHALT

IV. Kapitel

EINFÜHRUNG
DER HISTORISCHE ZUSAMMENHANG UND DIE EPOCHEN BUDDHISTISCHER GESCHICHTE

A. Der Buddhismus behauptet, daß da ein Mensch, genannt »Der Buddha« und das heißt »Der Erleuchtete«, eine uralte und althergebrachte, im Grunde zeitlose Weisheit wiederentdeckt hat, und zwar in Bihar in Indien, ungefähr um 600 oder 400 v. Chr. – das genaue Datum ist unbekannt. Seine Neufassung der ewigen Weisheit sollte drei Übeln entgegenwirken:

1. *Gewalt* war in allen ihren Formen zu vermeiden, angefangen bei der Tötung von Menschen und Tieren bis hin zur geistigen Unterjochung Andersdenkender.
2. Das *Selbst* oder der Umstand, daß man sich an sich selbst als Einzelpersönlichkeit klammert, wurde für allen Schmerz und alles Leiden verantwortlich gemacht, die schließlich endgültig beseitigt würden durch Erlangung eines Zustandes der Selbst-Auslöschung, eigentlich bekannt als *nirvāṇa*.
3. *Tod* war ein Irrtum, der von jenen überwunden werden könnte, die die »Pforten zum Todlosen«, »die Tore zum Unvergänglichen« durchschritten.

Außer Gegenmitteln gegen diese drei Übel hielt der Buddha keine festumrissenen Lehren oder Überzeugungen bereit, sondern setzte sein ganzes Vertrauen auf die Erfolge aus der Schulung seiner Jünger mit Hilfe einer dreifachen Methode von sittlicher Selbstbeherrschung, abgeschiedener Meditation und philosophischer Reflexion.

Was nun den ersten Punkt, die *Gewalt*, betrifft, so lautet der Fachausdruck für »Gewaltlosigkeit« *ahiṃsā*, was soviel bedeutet wie Vermeiden der Schädigung jeden Lebens. In dieser Hinsicht war der Buddhismus eine der vielen Bewegungen, die sich gegen die technologischen Despotien wehrten, die um 3000 v. Chr. entstanden waren und deren technische Projekte und militärische Operationen zu weitreichender und oft sinnloser Gewalt und Vernichtung von Leben geführt hatten.

Die Entwicklung der Zivilisation war seit ihren frühesten Anfängen begleitet von Wellen der Ernüchterung über Macht und materiellen Wohlstand. Ungefähr ab 600 v. Chr. rollte eine solche Welle durch ganz Asien, durch alle seine Teile, von China bis zu den griechischen Inseln vor der Küste Kleinasiens, und mobilisierte die geistigen Reserven gegen das herrschende Machtsystem.

In Indien entstand die Gegenbewegung in einem Gebiet mit Reiskultur, das sich deutlich von den weiter im Westen gelegenen Gegenden mit Viehzucht und Weizenanbau unterschied. Im Laufe der letzten 2000 Jahre gedieh der Buddhismus hauptsächlich in Ländern mit Reisanbau und kaum woanders. Außerdem, und das ist viel schwerer zu erklären, breitete er sich nur in Ländern aus, die zuvor einen Schlangen- oder Drachenkult hatten, und machte keine Fortschritte in jenen Teilen der Welt, die das Töten von Drachen als verdienstvolle Tat ansehen oder Schlangen für die Übel der Menschheit verantwortlich machen.

Was den zweiten Punkt betrifft, der sich auf das *Selbst* bezieht, so wendet sich der Buddhismus, indem er ein Heilmittel gegen den Individualismus anbietet, an eine individualistische Stadtbevölkerung. Er entstand in einem Teil Indiens, wo – im Gebiet von Benares und Patna – die Eisenzeit ehrgeizige Kriegerkönige nach oben getragen hatte, die große Reiche gegründet hatten mit großen Städten, einem ausgedehnten Handel, einer ziemlich entwickelten Geldwirtschaft und einem zweckmäßig organisierten Staatswesen. Diese Städte ersetzten kleine Stammesgesellschaften durch große Gruppen zusammengewachsener Städte mit all den Übeln der Entpersönlichung, Spezialisierung und sozialen Zerrüttung, die das zur Folge hat.

Der Buddha wandte sich hauptsächlich in den Städten an die Öffentlichkeit, und das erklärt zum Teil den intellektuellen Charakter seiner Lehren, die »Urbanität« seiner Äußerungen und die Rationalität seiner Gedanken. Der Buddha betonte immer wieder, daß er ein Führer sei und keine Autorität und daß alle Behauptungen, einschließlich seiner eigenen, überprüft werden müßten. Da die Buddhisten also den Vorzug einer liberalen Erziehung besitzen, reagieren sie auf Unbewiesenes mit nachsichtiger Skepsis. So waren sie in der Lage, sich jeder Art Volksglauben anzupassen – nicht nur in Indien, sondern in allen Ländern, in die sie kamen.

Der dritte Punkt schließlich, der den *Tod* betrifft, entzieht sich weitgehend unserem Verständnis. Der Buddha teilte offensichtlich die in den frühen Stadien der Menschheitsgeschichte weitverbreitete Überzeugung, daß der Tod kein notwendiger Bestandteil unserer menschlichen Natur ist, sondern ein Zeichen dafür, daß etwas mit uns fehlgegangen ist. Der Tod ist unser eigener Fehler. Im Grunde sind wir unsterblich und können den Tod überwinden und mit religiösen Mitteln das ewige Leben gewinnen. Der Buddha schrieb den Tod einer bösen Macht zu, dem Māra, dem »Töter«, der uns von unserem sterblichen Selbst weglockt und von dem Pfad abbringt, der uns zur Freiheit zurückführen könnte. Dem Grundsatz entsprechend, daß »es der geringere Teil ist, der stirbt«, fesseln uns unsere Begierden und unsere Bindung an eine individuelle Persönlichkeit, welche die sichtbare Verkörperung dieser Begierden ist, an Māras Reich. Wenn wir unsere Bindungen aufgeben, gelangen wir jenseits des »Todesreiches«, aus dem »Blickfeld des Todeskönigs«, und befreien uns aus einer endlosen Reihe von Wiedertoden, die uns jedes Mal um eine Lebensspanne berauben.

B. Der Buddhismus hat bisher etwa 2500 Jahre überdauert und während dieses Zeitraumes tiefgehende und radikale Veränderungen erlebt. Seine Geschichte kann man in vier Perioden unterteilen. Die erste Periode ist die des alten Buddhismus, die sich weitgehend damit deckt, was später als das *hīnayāna* bekannt wurde. Die zweite Periode wird vom Aufstieg des *mahāyāna* geprägt. In der dritten entwickeln sich das *tantra* und *chan*. Sie dauert bis etwa 1000 n. Chr. Danach erneuerte sich der Buddhismus nicht mehr, sondern bestand lediglich weiter. Die letzten 1000 Jahre können als vierte Periode zusammengefaßt werden.

Der Buddhismus der ersten Periode blieb geographisch fast rein auf Indien und Ceylon beschränkt. Während der zweiten Periode fing er an, Ostasien zu erobern und wurde umgekehrt selbst stark von nichtindischem Denken beeinflußt. Während der dritten Periode entstanden schöpferische Zentren buddhistischen Denkens außerhalb Indiens, besonders in China. Philosophisch gesehen konzentrierte sich die erste Periode auf psychologische Fragen, die zweite auf ontologische, die dritte auf kosmische. Die erste Periode befaßt sich mit dem einzelnen, der seinen Geist zu beherrschen lernt. Die Methode, mit der diese Selbstbeherrschung erstrebt wird, ist die psychologische Analyse. Die zweite Periode wendet sich dem Wesen *(svabhāva)* der wahren Realität zu, und es gilt als entscheidend für die Erlösung, daß man dieses wahren Wesens der Dinge inne wird. Die dritte Periode betrachtet Übereinstimmung und Harmonie mit dem Kosmos als Mittel zur Erleuchtung und bedient sich dazu uralter magischer und okkulter Methoden. In soteriologischer Hinsicht haben die einzelnen Perioden unterschiedliche Vorstellungen von dem Typus des Menschen, den sie hervorbringen wollen. In der ersten Periode ist der ideale Heilige ein *arhat*, jemand also, der alle Bindungen an die Welt aufgegeben hat, in dem alle Begierde erloschen ist und der in dieser Welt nicht mehr wiedergeboren werden wird. In der zweiten Periode ist es der *bodhisattva*, das heißt ein Mensch, der alle anderen Wesen retten will und die Hoffnung hat, schließlich ein allwissender Buddha zu werden. In der dritten Periode ist es der *siddha*, ein Mensch, der sich so sehr in Harmonie mit dem Kosmos befindet, daß ihn nichts einschränkt und er als frei Handelnder die kosmischen Kräfte, die in ihm und außerhalb seiner selbst wirken, beherrschen kann.

Andere Religionen haben vielleicht ähnlich überraschende Wandlungen erfahren. Das Besondere des Buddhismus aber ist, daß die Neuerungen jeder Periode durch eine neu geschaffene kanonische Literatur gestützt wurden, die das Wort Buddhas zu sein behauptete, obwohl sie eindeutig viele Jahrhunderte nach dem Tod des Buddha verfaßt worden ist. Die Schriften der ersten Periode wurden in der zweiten durch eine große Zahl von *mahāyāna-sūtras* und in der dritten durch eine wahre Flut von *tantras* ergänzt. Alle diese Texte sind anonym in dem Sinne, daß ihre Verfasser unbekannt sind. Der Anspruch, daß sie alle vom Buddha selbst verkündet wurden, bedeutet – wie wir im II. Kapitel, 1. Abschnitt sehen werden – eine ziemlich dehnbare Vorstellung vom Buddha.

Die neuen Entwicklungen verdrängten die älteren nie völlig. Die älteren Schulen bestanden neben den neuen weiter, obgleich sie von ihnen oft stark abgewandelt wurden. Der alte Buddhismus der ersten Periode absorbierte in der zweiten zahlreiche Lehren des *mahāyāna*, und die enge Beziehung zwischen den *tantras* und dem *mahāyāna* führte in den Universitäten von Bengalen und Orissa während der Pāla-Zeit (s. III. Kap., 1. Abschn.) zu einer Synthese. In meiner Darstellung will ich mich auf die schöpferischen Impulse konzentrieren. Sie werden mir als Wegweiser dienen.

Die Einteilung der buddhistischen Geschichte in Perioden von je 500 Jahren stimmt nicht nur mit den Gegebenheiten überein, sondern wird seit dem Beginn der christlichen Zeitrechnung auch in vielen buddhistischen Schriften erwähnt. Diese fünf Perioden von je 500 Jahren werden aufgezählt als ein Zeichen für den fortlaufenden Verfall der Lehre. Wie alles andere muß auch die Gemeinschaft der Buddhisten in die buddhistische Lehre in Verfall geraten, in jeder Periode verringert sich die geistige Kraft des Buddhismus, und nach 2500 Jahren wird er seinem Ende nahe sein (s. IV. Kap., 9. Abschn.). Ob sich diese Diagnose eines kontinuierlichen Verfalls durch Beobachtung bestätigen läßt oder nicht, so hatte sie doch in späterer Zeit tiefen Einfluß auf die Geisteshaltung der Buddhisten. Wir werden davon immer wieder hören. In der Tat hat die Geschichte des Buddhismus nicht nur glanzvolle, sondern auch melancholische Züge.

Für den modernen Historiker ist der Buddhismus ein Phänomen, das ihn in jedem Punkt zur Verzweiflung bringen muß, und wir können nur beschwichtigend sagen, daß diese Religion nicht zum Nutzen von Historikern gestiftet wurde. Nicht nur, daß fundierte Fakten über die Geschichte des Buddhismus in Indien fast völlig fehlen, nicht nur, daß die Entstehungszeit, die Verfasser und die geographische Herkunft der meisten Schriften fast völlig unbekannt sind: selbst die buddhistischen Lehren müssen dem Historiker höchst unbefriedigend und schwer faßbar erscheinen. Die Buddhisten neigen dazu, jede Aussage durch eine gegenteilige Aussage aufzuheben. Die Wahrheit erhält man nicht, indem man zwischen zwei kontradiktorischen Aussagen wählt, sondern indem man sie verbindet. Was ist aber nun – von der Verschiedenheit der charakteristischen Fachausdrücke abgesehen – dieser ganzen Vielfalt unterschiedlicher Lehren gemeinsam? Was sind die gemeinsamen Faktoren, die es uns erlauben, sie alle »buddhistisch« zu nennen?

1. Unter den beständigeren Faktoren ist die *monastische Organisation* der augenfälligste und bemerkenswerteste. Ihre ungebrochene Fortdauer ist die Grundlage für alles andere (s. I. Kap., 2. Abschn.).

2. Als weiteres stabilisierendes Element haben wir einen traditionellen Komplex von *Meditationen*, die alle Generationen von Buddhisten geprägt haben und notwendigerweise jeden, der sich ihrem Einfluß aussetzt, auf ziemlich gleiche Weise beeinflussen müssen (s. I. Kap., 3. Abschn.).

3. Zum dritten hatten alle Buddhisten ein und dasselbe Ziel, nämlich die »Auslöschung des Selbst«, das Aufhören separa-

ter Individualität. Ihre Lehren und Übungen dienten im allgemeinen der Förderung solch leicht erkennbarer geistiger *Tugenden* wie Gelassenheit, Bindungslosigkeit, Rücksicht und Mitgefühl für andere. In den Schriften ist der *dharma* mit einem *Geschmack* verglichen worden. Nach der dort gegebenen Definition hat das Wort des Buddha den Geschmack von Frieden, den Geschmack von Befreiung, den Geschmack von *nirvāṇa*. Es ist natürlich den Geschmacksrichtungen eigentümlich, daß sie nicht leicht zu beschreiben sind und sich von jenen nicht erfassen lassen, die sich weigern, sie selber auszuprobieren.

4. Im Verlauf seiner ganzen Geschichte besaß der Buddhismus die Einheit eines *Organismus*, in dem jede neue Entwicklung eine vorhergehende fortführt. Nichts sieht einer Kaulquappe unähnlicher als ein Frosch, und doch sind es Entwicklungsstadien desselben Tieres, die kontinuierlich auseinander hervorgehen. Die buddhistische Fähigkeit zur Wandlung muß jene in Staunen versetzen, die nur die durch lange Zeiträume getrennten Endprodukte sehen, die so verschieden sind wie der Schmetterling von der Raupe. In Wirklichkeit aber sind sie durch viele vermittelnde Stufen miteinander verbunden, die nur genaues Studium entdecken kann. Es gibt im Buddhismus keine echte Neuerung, und alles, was danach aussieht, ist tatsächlich nur die Anverwandlung von vorher vorhandenen Ideen. Der kontinuierlichen Entwicklung der Lehre und ihrer genauen Weitergabe ist immer große Aufmerksamkeit geschenkt worden. Dabei handelt es sich nicht um anarchische philosophische Traktate von Individualisten, die um jeden Preis Originalität anstreben. Statt dessen haben wir als »Sekten« oder »Schulen« bekannte Gruppen von Lehrern und Lehrerdynastien, die die Kontinuität über viele Jahrhunderte sichern.

I. KAPITEL
DIE ERSTEN FÜNFHUNDERT JAHRE: 500-0 V. CHR.

1. *Die Besonderheiten der ersten Periode*

Das Fehlen eindeutiger Fakten ist für die erste Periode besonders bezeichnend. Ein Datum – und nur eines – steht wirklich fest, und das ist die Regierungszeit von Kaiser Aśoka (274-236 v. Chr.), dessen Protektion den Buddhismus von einer kleinen Asketensekte in eine gesamtindische Religion umformte. Selbst die Lebensdaten des Buddha sind Gegenstand von Mutmaßungen. Die indische Tradition behauptet oft, er sei 100 Jahre vor Aśoka gestorben. Die heutigen Gelehrten stimmen im allgemeinen darin überein, sein Leben zwischen 563 und 483 v. Chr. anzusetzen. Mit einigem Zögern folge ich hier dieser Chronologie.

Die Art unserer Dokumente ist eine Quelle weiterer Unsicherheit. Während der gesamten ersten Periode wurden die heiligen Texte mündlich überliefert. Erst gegen Ende wurden sie aufgezeichnet. Von den historischen Worten des Buddha ist nichts erhalten. Der Buddha hat vermutlich in der Ardhamāgadhī-Sprache gelehrt, keiner seiner Aussprüche aber ist in der ursprünglichen Form erhalten. Was den ältesten Kanon betrifft, so ist sogar seine Sprache Gegenstand des Streits. Von dem, was der alte Kanon gewesen sein könnte, haben wir nur Übersetzungen in andere indische Sprachen, vor allem ins Pāli und in eine besondere Form von buddhistischem Sanskrit. Der Buddhismus, der nie zentral organisiert war, hatte sich zu einem nicht genau anzugebenden Zeitpunkt in eine Reihe von Sekten gespalten. Gewöhnlich zählt man 18 dieser Sekten, von denen die meisten ihren eigenen Kanon hatten. Fast alle diese Kanons sind uns verloren, sei es, weil sie nie aufgezeichnet wurden, sei es, weil die Wirrnisse der Zeit die Schriften zerstört haben. Erhalten sind nur jene, die nach dem Zusammenbruch des

Buddhismus in Indien um 1200 n. Chr. durch irgendeinen Zufall in ein Gebiet außerhalb Indiens wie beispielsweise nach Ceylon, Nepal oder Zentralasien gelangt oder vorher ins Chinesische oder Tibetische übersetzt worden waren. Aus diesem Grund sind wir nur im Besitz eines kleinen Teils dessen, was in der buddhistischen Gemeinschaft der ersten Periode wirklich Verbreitung gefunden hatte. Vor allem aber ist das, was erhalten ist, eher dem Zufall zu verdanken als einer Alter und inneren Wert berücksichtigenden Auswahl. Und das, was wir besitzen, kann irgendwann im Laufe der ersten 500 Jahre verfaßt worden sein. Zuallererst muß festgestellt werden, daß es kein objektives Kriterium gibt, das es erlaubte, jene Teile der Überlieferung auszusondern, die auf den Buddha selbst zurückgehen. Einige neuere europäische Bücher enthalten eine Menge kühner Behauptungen darüber, was der Buddha persönlich gelehrt habe. Das sind alles nur Ratespiele. Die »ursprüngliche Lehre« liegt jenseits unseres heutigen Horizonts. Wir können höchstens bis zu der Zeit zurückgehen, da sich die Gemeinschaft in einzelne Sekten spaltete. Was wir können, ist lediglich, die Dokumente der verschiedenen Sekten miteinander vergleichen, einen *Dhammapada*-Text der *theravādin*-Sekte aus Ceylon etwa mit einem *Udānavarga*-Text der *sarvāstivādin*-Sekte, der im Wüstensand von Ostturkestan gefunden worden ist. Wo wir Stellen finden, in denen diese zwei Texte – der eine in Pāli, der andere in Sanskrit – Wort für Wort übereinstimmen, können wir annehmen, daß sie aus einer Zeit vor der Trennung der zwei Schulen stammen, die während der Regierungszeit Aśokas erfolgte. Wo sie nicht übereinstimmen, können wir, da Gegenbeweise fehlen, ein Datum nach Aśoka erschließen. Bisher hat jedoch noch niemand einen solchen systematischen Vergleich vorgenommen. Solange dies aber noch nicht geschehen ist, können wir die Lehren der ersten beiden Jahrhunderte nicht klar von jenen der Zeit nach Aśoka unterscheiden. Es ist nicht einmal ganz sicher, wann und unter welchen Umständen die Trennung der Sekten stattfand, da alle uns erhaltenen Werke zu diesem Thema erst fünf Jahrhunderte nach den Ereignissen geschrieben wurden, über die sie berichten. Zudem sind die Angaben durchweg je nach Sekte tendenziös entstellt. Aber selbst wenn unser Wissen auf zwei oder drei Jahrhunderte oder gar nur auf ein Jahrhundert an das *nirvāṇa* des Buddha heranreichen würde, bleibt doch eine in Geheimnis gehüllte Anfangsphase, zu der wir nicht vordringen können.

In den nächsten beiden Abschnitten werde ich die für den Buddhismus der ersten Periode charakteristischen Lehren zu erklären versuchen, soweit sie sich mit einiger Wahrscheinlichkeit erschließen lassen. Sie betreffen zunächst die monastische Disziplin und dann die grundlegende Lehre von der Erlösung und vom Heilsweg.

2. *Die monastische Disziplin*

Die zwei ältesten Dokumente, die wir mit einiger Sicherheit vor Aśoka ansetzen können, befassen sich mit der monastischen Disziplin *(vinaya)*. Seit recht früher Zeit wurden die Buddhas Lehren betreffenden Überlieferungen in zwei *dharma* beziehungsweise *vinaya* genannte Hauptgruppen gegliedert. Der *vinaya* erwies sich dabei als der beständigere und einheitlichere Teil. Er war Meinungsverschiedenheiten und Neuformulierungen viel weniger ausgesetzt. Von Debatten über den *vinaya* hört man selten, und selbst in späterer Zeit hatte die Entstehung von Schulen kaum Modifizierungen des *vinaya* zur Folge, es sei denn in ziemlich äußerlichen und oberflächlichen Dingen wie beispielsweise der Kleidung. Selbst als sich mit dem *mahāyāna* aus dogmatischen Gründen ganz neue Schulen bildeten, hielten sie sich lange Zeit, soweit es den *vinaya* betraf, an eine der älteren *hīnayāna*-Schulen. Natürlich ist es in der langen Geschichte der Ordensgemeinschaften oft vorgekommen, daß die beschwerlicheren Regeln in der Praxis offen mißachtet wurden; was jedoch ihre Formulierung betrifft, so scheint sie bereits im 4. Jahrhundert v. Chr. ihre endgültige Gestalt gefunden zu haben. Damals entstand der *skandhaka*, ein großes Werk, das das ungeheure Material, das sich bis dahin angesammelt hatte, nach einem wohldurchdachten Plan gliederte und ordnete. Er regelt die grundlegenden Bräuche des buddhistischen Mönchslebens wie die Zulassung zur Ordensgemeinschaft, die Beichtzeremonien und die Zurückgezogenheit während der Regenzeit, er behandelt Kleidung, Speisen und Arzneien für die Kranken sowie die bei der Bestrafung von Missetätern zu befolgenden Regeln.

Noch älter sind die annähernd 250 Regeln des *prātimokṣa*, einer Klassifizierung geistlicher Vergehen, von denen wir etwa ein Dutzend verschiedener revidierter Texte besitzen, die in allen wesentlichen Punkten übereinstimmen. Diese Regeln müssen alle vierzehn Tage vor einem Mönchskapitel vorgetragen werden. Kein anderer unter allen kanonischen Texten hat bei den Buddhisten eine so unbestrittene, allgemeine und dauernde Autorität besessen wie diese *prātimokṣa*-Regeln. Es ist daher nötig, dem Leser einen Eindruck von ihrem Inhalt zu vermitteln.

Zuerst führen sie vier Ausstoßung verdienende Vergehen auf, nämlich Geschlechtsverkehr, Diebstahl, Mord und die unwahre Behauptung, übernatürliche Fähigkeiten oder hohe spirituelle Kenntnisse zu besitzen. Darauf folgen 13 leichtere Vergehen, die Suspension zur Folge haben. Fünf davon betreffen sexuelles Fehlverhalten, zwei den Bau von Hütten und die restlichen sechs Streitigkeiten innerhalb des Ordens. Dann werden zwei sexuelle Vergehen aufgezählt, die »je nach den Umständen strafbar« sind, und darauf folgen 30 Verstöße, mit denen man das Recht »verwirkt«, Ordensgewänder zu tragen, und die den Missetäter überdies einer unvorteilhaften Wiedergeburt aussetzen. Sie verbieten unter anderem die Annahme von Gold und Silber, kaufmännische

Tätigkeit oder die persönliche Aneignung von Gütern, die für die Gemeinschaft bestimmt sind. Es folgen 90 Delikte, die, falls sie nicht bereut und gesühnt werden, durch eine unvorteilhafte Wiedergeburt bestraft werden. Sie betreffen solche Dinge wie das Lügen und die Herabsetzung oder Verleumdung anderer Mönche, sie regeln das Verhältnis zum Laienstand, indem sie verbieten, »den Wortlaut der Heiligen Schriften einer nichtordinierten Person zu lehren« oder Laien über von Mönchen begangene Vergehen zu berichten, und anderes mehr. Im übrigen beziehen sie sich auf eine Vielzahl verschiedener Übertretungen. So verbieten sie beispielsweise, pflanzliches Leben zu zerstören, in der Erde zu graben, alkoholische Getränke zu sich zu nehmen oder einen Stuhl oder ein Bett zu besitzen, dessen Füße höher als acht Zoll sind. Der offensichtlich sehr alte Text nennt weitere vier Vergehen, die der Beichte bedürfen. Darauf folgen 13 Anstandsregeln. Den Abschluß bilden sieben Regeln zur Beilegung von Streitigkeiten.
Die *vinaya*-Regeln hatten die Aufgabe, ideale Bedingungen für Meditation und Weltentsagung zu schaffen. Sie versuchten einen völligen Rückzug aus dem gesellschaftlichen Leben, eine Ablösung von seinen Belangen und Sorgen und den Bruch aller Bindungen an Familie oder Sippe zu erzwingen. Gleichzeitig sollte das Bestehen auf äußerster Einfachheit und Genügsamkeit Unabhängigkeit gewährleisten, während der Verzicht auf ein Zuhause und jeglichen Besitz die Bindungslosigkeit fördern sollte. Ursprünglich, so scheint es, war der Orden gedacht als eine Gemeinschaft umherziehender Bettler, die aßen, was sie in ihre Bettelschalen als Almosen erhalten hatten, die Kleider aus Lumpen trugen, die sie von Abfallhaufen aufgelesen hatten, und die im Wald, in Höhlen oder am Fuß der Bäume hausten. Nur in der Regenzeit konnten sie nicht mehr umherziehen und mußten an einem Ort bleiben. Zu allen Zeiten strebte eine Minderheit weiter nach der strengen Lebensführung dieser ursprünglichen Einfachheit. Im allgemeinen jedoch ließen

sich die Mönche mit zunehmendem Aufschwung ihrer Religion in Klöstern nieder, was sie einerseits von sozialen Belangen fernhielt, sie aber andererseits von einigen der Unbequemlichkeiten einer Existenz von der Hand in den Mund befreite, die sie doch ursprünglich geplant hatten. Da der *vinaya*-Text aber ein für allemal festgelegt war, ist seine weitere Geschichte von dauernden Kompromissen zwischen seinen sakrosankten Verfügungen auf der einen Seite und den sozialen Realitäten und menschlichen Schwächen auf der anderen bestimmt.

3. *Die grundlegenden Lehren*

Soviel über die monastischen Bräuche. Was aber waren nun die allen Buddhisten – und nicht nur denen der ersten Periode, sondern auch allen späteren – trotz aller Zusätze und Einschränkungen gemeinsamen Lehren? Diese Lehren können in zwei Hauptpunkten zusammengefaßt werden. Zuallererst verkünden sie eine *Erlösungslehre*, indem sie die Notwendigkeit der Erlösung, ihr Wesen und den Weg zu ihr aufzeigen. Sie befassen sich zweitens mit den *Drei Juwelen* oder »Schätzen«, die da sind der Buddha, der *dharma* und der *saṅgha*.

In seinem Kern ist der Buddhismus eine *Erlösungslehre*. Das Verlangen nach Erlösung erwächst aus dem hoffnungslos unbefriedigenden Wesen der Welt, in der wir uns befinden. Buddhisten haben eine außerordentlich düstere Auffassung von den Bedingungen, unter denen wir unglücklicherweise leben. Es ist hauptsächlich die Vergänglichkeit von allem in und um uns, die hinweist auf die Wertlosigkeit unserer weltlichen Bestrebungen, die dem Wesen der Dinge nach nie zu dauernden Leistungen oder bleibender Befriedigung führen können. Am Ende nimmt uns der Tod alles, was anzusammeln uns gelungen ist, und trennt uns von allem, was wir liebten. Wie sinnlos ist das Streben nach Sicherheit in einer solchen Umwelt, wie sinnlos die Suche nach Glück mit so untauglichen Mitteln! Die Freuden und Vergnügungen der Kinder der Welt sind überaus banal, und wofür sie sich entscheiden und ihre Vorlieben verraten wenig Verstand. Sie benehmen sich eher wie das kleine Kind, das eine wunderschöne Murmel mit einem grünen Fleck darauf findet und hochbeglückt darüber gleich verschluckt, um sie ja nicht wieder zu verlieren – mit dem Ergebnis, daß sein Magen ausgepumpt werden muß. Und wen würde es zudem nicht in Angst versetzen, wenn er sich alle die Schmerzen und Schrecken vorstellt, denen der Mensch allein dadurch ausgesetzt ist, daß er einen Körper besitzt! Endloses Leiden in einem sinnlosen Kreislauf von Wiedergeburten *(saṃsāra)* ist das Los der gewöhnlichen Sterblichen, und der Schauder davor ist der erste Ansporn zur Erlösung. Die buddhistischen Asketen waren Menschen, die aus Angst vor Geburt und Tod ihr Zuhause verließen, um Erlösung zu erlangen.

Wenn wir nun nach der Ursache für den unbefriedigenden Stand der Dinge fragen, hören wir, daß er uns nicht durch irgendeine äußere Macht aufgezwungen worden ist, etwa durch das Schicksal oder eine übelwollende Gottheit, sondern daß er auf einem Faktor in unserer eigenen Konstitution beruht. Dieser Faktor wird verschieden beschrieben: als »Gier«, als »Glaube an ein separates Selbst«, als »Unwissenheit« oder als Festhalten an »verkehrten Auffassungen«. Nicht nur die Begierde nach Sinnesfreuden, Geld, gesellschaftlicher Stellung oder Macht unterwirft uns leicht der Knechtschaft der Macht, die wir vergeblich für unsere eigenen Zwecke zu benutzen hoffen, sondern jedwede Form des Begehrens wird von den Buddhisten als für unsere innere Freiheit und Unabhängigkeit schädlich verurteilt. Anders formuliert können wir sagen, daß unser ganzes Unglück von unserer Gewohnheit rührt, uns einen Teil der Welt anzueignen, als wäre sie unser »eigen«, und so oft wie möglich sagen: »Das gehört mir, das bin ich, dies bin ich selbst.« Es ist eine fundamentale Lehre des Buddhismus, daß das Wort

»selbst« keinem realen Sachverhalt entspricht, sondern daß das Selbst nur Schein ist und wir daher unser wahres Wohl durch die »Suche-nach-uns-selbst« einem Hirngespinst opfern. Und schließlich unterscheidet sich der Buddhismus vom Christentum darin, daß er die Wurzel allen Übels in der »Unwissenheit« sieht und nicht in der »Sünde«, in einem intellektuellen Irrtum also und nicht in einem Akt der Willensäußerung und der Rebellion. Als vorläufige Erklärung der Unwissenheit werden die vier »verkehrten Auffassungen« *(viparyāsa)* genannt, die uns Beständigkeit suchen lassen in dem, was seiner inneren Natur nach unbeständig ist, Wohlbefinden in dem, was untrennbar ist vom Leiden, Persönlichkeit in dem, was an kein Selbst geknüpft ist, und Freude in dem, was essentiell abstoßend ist und widerwärtig.

Die Lage wäre natürlich vollkommen hoffnungslos, wenn diese Welt des Leidens und der *saṃsāra* die ganze Wirklichkeit ausmachte. In Wahrheit ist das aber nicht der Fall, denn jenseits dieser Welt gibt es etwas anderes, *nirvāṇa* genannt, ein transzendentales, dem gewöhnlichen Erfahrungshorizont völlig entzogenes Stadium, von dem nichts gesagt werden kann, außer daß in ihm alle Übel mitsamt ihren Ursachen und Folgen aufgehört haben. Buddhisten sind weniger darauf bedacht, dieses *nirvāṇa* zu erklären, als es in sich selbst zu verwirklichen. Und sie sind sehr abgeneigt, eindeutige Aussagen zu machen über den Menschen, nachdem er ins *nirvāṇa* eingegangen ist. Die Welt wird oft mit einem brennenden Haus verglichen, aus dem jeder vernünftige Mensch versuchen wird zu entkommen. Wenn aber die Welt des *saṃsāra* einem Feuer gleicht, dann gleicht das *nirvāṇa* dem Zustand, der beim Verlöschen des Feuers eintritt. So lesen wir in einem der älteren Texte, dem *Sutta Nipāta* (1074, 1076):

Wie die Flamme, die von der Kraft des Windes ausgelöscht wird, an ihr Ende kommt und erlangt, was keiner beschreiben kann – so gelangt der schweigende Weise, befreit von Name und Form, ans Ziel und erreicht einen Zustand, den keiner beschreiben kann ... Sind alle Bedingungen beseitigt, dann sind auch alle Wege der Sprache beseitigt.

Da die Ursachen allen Übels in uns selbst liegen, können wir uns auch selbst durch eigene Anstrengung von ihnen befreien, wenn wir nur wissen, wie wir vorzugehen haben. Wie ein guter Arzt hat uns der Buddha eine Fülle von Heilmitteln gegeben für unsere vielfältigen Leiden. Auf der unteren Ebene ähneln die buddhistischen Wege zur Erlösung denen anderer Religionen. Zuallererst muß ein Mensch sein tägliches Leben *moralisch* gestalten, und er muß die *Fünf Gebote* befolgen, die Töten, Diebstahl, sexuelle Verfehlung, Lüge und den Gebrauch von Rauschmitteln verbieten. Ferner muß er darauf achten, wie er seinen Lebensunterhalt verdient. Metzger, Fischer und Soldaten zum Beispiel übertreten das erste Gebot dauernd. Von ihnen kann man kaum Geistigkeit erwarten. Andere Beschäftigungen schaden der Seele zwar weniger, die sicherste und fruchtbarste aber ist die des heimat- und besitzlosen Mönchs, der in bezug auf seine materiellen Bedürfnisse auf andere angewiesen ist.
Wenn die moralischen Grundlagen aber erst einmal gelegt sind, bestehen die buddhistischen Anstrengungen im übrigen nur noch aus geistigem Training, aus *Meditationen* unterschiedlicher Art. Meditation ist ein geistiges Training, das aus drei verschiedenen, jedoch miteinander verknüpften Absichten heraus geübt wird:

1. Unsere Aufmerksamkeit richtet sich normalerweise hauptsächlich auf ständig wechselnde Sinnesreize und auf Gedanken, die um unser eigenes Selbst kreisen. Erster Zweck der Meditation ist es, die Aufmerksamkeit davon abzuziehen.
2. Ferner soll sie die Aufmerksamkeit weg von der Sinneswelt und hin auf einen anderen, subtileren Bereich lenken

und dadurch die Unrast des Geistes zur Ruhe bringen. Ein Wissen, das sich auf die Sinne gründet, ist von Natur aus ebenso unbefriedigend wie ein auf die Sinne gegründetes Leben. Sinneswahrnehmungen und historische Fakten sind als solche unsicher, unfruchtbar, trivial und großenteils belanglos. Wissenswert ist nur, was in der Meditation entdeckt wird, wenn die Türen der Sinne geschlossen sind. Die Wahrheiten dieser heiligen Religion müssen dem durchschnittlichen Weltkind entgehen, denn sein Wissen verläßt sich auf die Sinne und sein Horizont wird von den Sinnen eingeengt.

3. Meditation zielt schließlich darauf ab, in die übersinnliche Wirklichkeit selbst einzudringen, zwischen den transzendentalen Wahrheiten umherzustreifen und durch diese Suche zur Leere als der einen letzten Wirklichkeit zu gelangen.

In der buddhistischen Terminologie heißt die erste vorbereitende Stufe »Besinnung« *(smṛti)*, gefolgt von »ekstatischer Trance« *(samādhi)* und »Weisheit« *(prajñā)*. Die Beziehungen zwischen diesen drei Stufen werden durch folgendes Diagramm veranschaulicht:

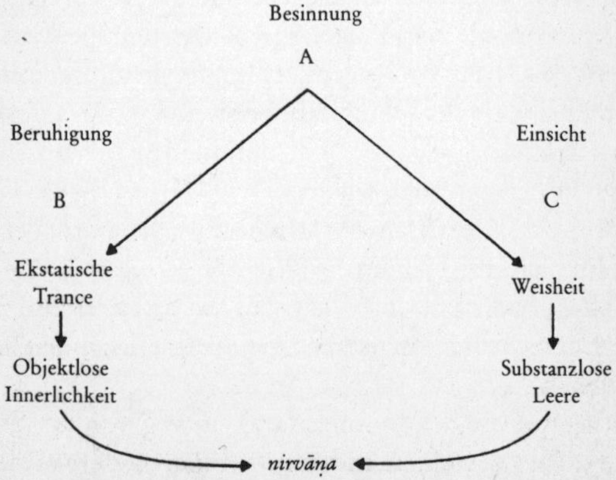

Es ist dies die Einteilung nach ihren Zielen. Von einer anderen Warte aus kann man sie nach ihren Gegenständen oder Themen ordnen. Eine beachtliche Zahl solcher Themen werden dem nach Erlösung Strebenden angeboten, und die Auswahl hängt von seinen geistigen Fähigkeiten und Neigungen ab. Der Möglichkeiten sind so viele, daß es unmöglich ist, sie hier auch nur aufzuzählen. So gibt es relativ einfache Atemübungen nach Yoga-Art, eine Betrachtung der »32 Teile des Körpers«, eine Kontemplation von Leichen in unterschiedlichen Stadien der Verwesung, ein introspektives Erfassen des Ablaufs geistiger Prozesse, seien es nun Gefühle, Gedanken, Konzentrationshindernisse oder die Faktoren, die zur Erleuchtung führen. Ferner gibt es die Pflege sozialer Gefühle wie Freundlichkeit und Mitgefühl, die Besinnung auf die Reinheit der Drei Juwelen, die Meditation über den Tod und die Sehnsucht nach dem *nirvāṇa.* Ein Lieblingsgegenstand der Meditation sind die »Zwölf Glieder der Kette von der bedingten Entstehung« *(pratītya-samutpāda),* die zeigt, wie Unwissenheit die anderen, die – in Alter und Tod endende – weltliche Existenz bestimmenden Faktoren bedingt und wie umgekehrt die Überwindung der Unwissenheit notwendig all diese Faktoren beseitigt. Andere Meditationen wiederum versuchen unserem Geist die Tatsache der Unbeständigkeit aller bedingten Dinge einzuprägen, das volle Ausmaß des Leidens aufzuzeigen, die Sinnlosigkeit des Begriffes »selbst« zu erweisen, die Einsicht in die Leere zu fördern und die wichtigsten Merkmale des Erlösungsweges zu enthüllen. In der Tat scheint die Zahl der für die erste Periode des Buddhismus bezeugten Meditationshilfen nahezu unbegrenzt. Sie wurden aber offensichtlich erst in der zweiten Periode in eine gewisse systematische Ordnung gebracht.

Nun zu den *Drei Juwelen.* Entscheidend für diese Religion ist *der Buddha* als ihr Begründer, der die Wahrheit und Zuverlässigkeit der Lehre dadurch garantiert, daß er »voll erleuchtet« ist. Er hat über das Wesen und die Bedeutung des

Lebens volle Klarheit gewonnen und einen eindeutigen Weg herausgefunden. Der Buddha unterscheidet sich von allen anderen Menschen dadurch, daß er die Wahrheit selbst gefunden hat und alles weiß, was für die Erlösung notwendig ist. Ob er auch alles andere wußte, das heißt, ob er im vollen Sinn des Wortes allwissend war, war zwischen den Sekten umstritten. Man teilte aber allgemein die Auffassung, daß er alles wußte, was zur Erlangung des letzten Friedens notwendig ist, und daß er deshalb in religiösen Dingen als sicherer und unfehlbarer Führer wirken konnte.

Das Wort »Buddha« ist, wie wir eingangs sagten, kein Eigenname, sondern ein Titel oder Beiname. Es bedeutet der »Erleuchtete« und nimmt Bezug auf die geistige Verfassung eines Menschen, der ein völlig freier Durchlaß war für die spirituelle Kraft des *dharma* oder der Realität selbst. Der persönliche Name des historischen Buddha lautete Gautama bzw. Siddhārtha, und nach seinem Stamm wird er auch oft Śākyamuni genannt, »Der Weise aus dem Stamm der Śākyas«. Mit der historischen Persönlichkeit des Buddha befaßt sich die buddhistische Religion nicht sonderlich. Für sie besteht seine Bedeutung in der Übermittlung der geistigen Lehren vom *dharma*. Eine solche Doppelrolle ist bei entscheidenden religiösen Führern Asiens nichts Ungewöhnliches. In neuerer Zeit zeigte sich dies wieder bei Mohandas Karamchand Gandhi, der zur gleichen Zeit der Mahātma war, »der mit der Großen Seele«, eine Bezeichnung für die geistige Kraft, die durch diesen besonderen Menschen wirkte.

So gesehen existiert das Individuum namens Gautama oder Śākyamuni zusammen mit dem geistigen Prinzip der Buddhaschaft, das auch »Tathāgata«, »*dharma*-Körper« oder »Buddha-Natur« genannt wird. Die Buddhisten haben indessen immer darauf bestanden, daß die genaue Beziehung zwischen seiner individuellen und seiner spirituellen Erscheinung nicht definiert werden kann. Sie wehrten sich auch immer entschieden gegen die Neigung der Unwissenden, an eine wirkliche, lebende Person zu glauben, und haben alles getan, um die Bedeutung der physischen Existenz Buddhas herunterzuspielen. Der Buddha selbst soll zu Vakkali gesagt haben: »Was bringt es ein, Vakkali, meinen elenden Körper zu sehen? Wer auch immer den *dharma* (das geistige Gesetz) sieht, sieht mich; wer auch immer mich sieht, sieht den *dharma*. Den *dharma* sehend, Vakkali, sieht er mich; mich sehend sieht er den *dharma*.« (*Saṃyutta-Nikāya*, XII, 87, 13)

Als Manifestation eines Typus ist der »historische Buddha« keine Einzelerscheinung, sondern nur einer aus einer Reihe von Buddhas, die über die Jahrhunderte in dieser Welt auftreten. Die Kenntnis nichthistorischer Buddhas scheint im Laufe der Zeit zugenommen zu haben. Ursprünglich waren es sieben, dann hören wir von 24, und die Zahl wuchs stetig weiter. Die »sieben Buddhas«, das heißt Śākyamuni und seine sechs Vorgänger, sind in der Kunst häufig dargestellt – in Bhārhut und Sāñcī durch ihre *stūpas* und Bodhi-Bäume, in Gandhāra, Mathurā und Ajaṇṭā während der von uns so bezeichneten zweiten Periode in menschlicher Gestalt, wobei sie voneinander kaum zu unterscheiden sind. Erst gegen Ende der ersten Periode verlagerte sich das Interesse auf zwei weitere nichthistorische Buddhas. Mit der Entwicklung der *bodhisattva*-Theorie (s. II. Kap., 1. Abschn.) tritt Dīpaṅkara auf, der 24. Vorgänger Śākyamunis, unter dem dieser ursprünglich beschlossen hatte, einmal ein Buddha zu werden. Als man an der bleibenden Lebendigkeit der Botschaft Śākyamunis zu zweifeln begann, entstand der Kult des Maitreya, des zukünftigen Buddha, unter dem der *dharma* wieder mit neuer Kraft erscheinen wird.

Diese Periode hatte wenig Interesse an der Biographie des Buddha Śākyamuni als Person. Es wäre schwierig, sein Leben aufgrund der uns bekannten Einzelheiten zu rekonstruieren. Das Interesse konzentrierte sich auf die beiden für die Gläubigen bedeutungsvollsten Lebensabschnitte, das heißt auf die Zeit seiner Erleuchtung, die seinen Sieg über die Unwissenheit anzeigte, und auf seine letzten Tage, als er sein endgültiges *nirvāṇa* erlangte und seinen Sieg über den Tod und über die Welt vollendete. Im übrigen war wohl der größere Teil dessen, was wir über sein Leben zu wissen glauben, zunächst ein Teil der *vinaya*-Tradition und bestand aus einem Bericht, der mit seiner Genealogie und wunderbaren Geburt begann und über sein *nirvāṇa* hinaus bis zum legendären ersten Konzil von Rājagṛha ging, wo der Kanon der Heiligen Schriften zusammengestellt worden sein soll, und mit dem sogenannten zweiten Konzil von Vaiśālī endete, wo strittige Punkte der monastischen Regeln diskutiert worden sind. Die Geschichte seines Lebens war anfangs eine Sammlung von zur Rechtfertigung der *vinaya*-Regeln angeführten Präzedenzfällen. Außerdem entstanden allmählich zahlreiche Geschichten und Legenden in Verbindung mit irgendwelchen heiligen Stätten oder Schreinen, um deren Heiligkeit zu begründen. Man hat kaum versucht, all diese Geschichten zu einer fortlaufenden Biographie zusammenzufügen. Wir können heute nicht entscheiden, bei welchen es sich um glaubwürdige historische Berichte handelt und bei welchen um fromme Erfindungen einer späteren Zeit. Nichts jedenfalls stand den Mönchen dieser ersten Periode ferner, als derartige Unterscheidungen zwischen diesen beiden Arten von Wahrheiten anzustellen.

Unsere Beschreibung des Buddha wäre unvollständig, wenn wir zu erwähnen vergäßen, daß er allein unter den Sterblichen seiner Zeit außer seinem normalen, dem gewöhnlichen Volk sichtbaren Körper noch einen »ätherischen« Körper hatte, den nur die Auserwählten mit dem Auge des Glaubens erblicken konnten und den die buddhistische Kunst so gut wie möglich wiederzugeben versuchte. Der »ätherische« Körper ist fünf Meter groß und besitzt die 32 »Merkmale des Übermenschen«. Beispielsweise haben die Buddhas auf den Fußsohlen Räder eingegraben, Schwimmhäute zwischen den Fingern, einen Auswuchs auf dem Kopf, einen Glorien- und

Strahlenkranz um Kopf und Körper, eine Locke weißen Haares zwischen den Augenbrauen usw. In der uns erhaltenen Form stammt diese Tradition offensichtlich aus der Zeit nach Aśoka. Teilweise mag sie jedoch auf ältere und sogar vorbuddhistische Traditionen männlicher Schönheit zurückgehen sowie auf die uralte Kunst, Charakter und künftiges Geschick eines Menschen aus solchen Merkmalen und Vorzeichen zu deuten.

Der Körper eines Buddha unterscheidet sich von dem anderer Menschen nicht nur durch die 32 Merkmale, sondern er besitzt noch die Besonderheit, daß seine Knochen und Zähne unzerstörbar sind. Bei der Verbrennung des Buddha Śākyamuni waren sie nicht zu Asche geworden. Sie wurden als *Reliquien* unter die Gläubigen verteilt und von Generation zu Generation aufbewahrt wie der heute in Kandy befindliche Zahn des Buddha.

Der *dharma*, der zweite dieser Schätze, beinhaltet alle Geheimnisse des buddhistischen Glaubens und kann mit ein paar Worten schlechterdings nicht erklärt werden. Asiatische Buddhisten nannten sich normalerweise nicht »Buddhisten«, sondern »Anhänger des *dharma*«. *Dharma* ist die Bezeichnung für eine hinter allem und in allem existierende unpersönliche geistige Kraft. Da der *dharma* spiritueller Natur und nicht von dieser Welt ist, entzieht er sich im Grunde der Definition und ist schwer zu bestimmen und zu fassen. Urteilt man nach logischen Maßstäben, so ist das Wort äußerst vieldeutig. Da aber der *dharma* Gegenstand aller buddhistischen Lehren ist, ist es nötig, seine Hauptbedeutungen aufzuführen und deren innere Zusammenhänge aufzuzeigen:

1. Erstens und vor allem ist er eine Bezeichnung für die *eine und letzte Realität*. Allem, was wir in und um uns wahrnehmen, liegt eine geistige Realität zugrunde. Im Gegensatz zu den illusorischen Dingen der Welt des gesunden Menschenverstandes ist sie real. Ihr sollten wir uns zuwenden, wie wir uns von jenen abwenden sollten, denn sie allein bringt wahre

Erfüllung. Und dennoch ist sie den Dingen und Ereignissen der Welt nicht äußerlich, sondern in gewisser Weise immanent und ihr inneres, sie leitendes Gesetz.

2. Zweitens bedeutet er, wenn man es geringfügig abwandelt, jene letzte Wirklichkeit, wie sie in der Lehre des Buddha gedeutet bzw. dargelegt wird. In dieser subjektiven Form bedeutet *dharma* »Lehre«, »Schrift« oder »Wahrheit«.

3. Der *dharma* kann sich drittens sowohl in der ersten wie in der zweiten Bedeutung in unserem Leben widerspiegeln und sich in unseren Handlungen manifestieren, sofern wir in Übereinstimmung mit ihm handeln. Auf diese Weise erhält das Wort die Bedeutung »Rechtlichkeit« und »Tugend«.

4. Sehr schwer deutbar ist der vierte Sinn des Wortes. Er stellt den spezifischen Beitrag des buddhistischen Denkens dar und beinhaltet zugleich alle die Spannungen, die ihn haben entstehen lassen. In buddhistischen Schriften finden immer wieder und überall die *dharmas* (Plural) Erwähnung, was unverständlich bleibt, wenn man die spezifische Bedeutung dieses Wortes nicht recht erfaßt. Hier wird das Wort im wissenschaftlichen Sinne gebraucht, der sich ergibt, wenn man Dinge und Ereignisse in ihrem Verhältnis zum *dharma* in seiner ersten Bedeutung sieht, das heißt, wenn man sie betrachtet, wie sie ihrer eigenen und endgültigen Wahrheit nach sind. Nahezu alle wissenschaftlichen und philosophischen Systeme stimmen darin überein, daß sie die Erscheinung der Welt des gesunden Menschenverstandes als künstliches Scheingebilde verwerfen und durch eine auf verschiedenartigen intelligiblen Entitäten beruhende Deutung ersetzen. Das augenfälligste Beispiel hierfür ist die Atomlehre. Hinter den sinnlich wahrnehmbaren Erscheinungen der materiellen Welt postuliert dieses System eine andere, aus Atomen zusammengesetzte, gänzlich unsichtbare Welt, die nur durch mathematische Formeln angemessen erfaßt werden kann. Diese Atome sind das, was physikalisch wirklich vorhanden ist. Ein gründliches Verstehen ihres

Verhaltens erlaubt uns die Beherrschung der physikalischen Welt. Von den Atomen können wir die physikalischen Eigenschaften der Dinge ableiten, die unsere Sinne wahrnehmen. In entsprechender Weise glauben die Buddhisten, daß unser gewöhnliches Weltbild durch Unwissenheit und Begierde hoffnungslos verzerrt ist und daß weder die Einheiten, in die wir die Welt unterteilen, das heißt die »Dinge«, die wir wahrzunehmen glauben, noch die Verbindungen, die wir zwischen ihnen postulieren, viel Wert besitzen. Was den modernen Physikern die »Atome« sind, sind den Buddhisten die *dharmas.* Zu einer systematischen Klassifizierung der *dharmas* kam es erst in der zweiten Periode, wobei, wie ja auch in der Atomtheorie von ihrem ursprünglichen gedanklichen Entwurf durch Demokrit bis zu ihrer genaueren Formulierung durch Mendelejev und Bohr, viel Zeit verstrich. In der ersten Periode gibt es verschiedene Listen, in denen *dharmas* aufgezählt werden, wie beispielsweise die fünf *skandhas* Form, Gefühle, Wahrnehmungen, Willensäußerungen und Bewußtsein, von denen man glaubte, daß sie den ganzen Bereich der menschlichen Persönlichkeit ausmachen, oder die sechs äußeren und inneren Sinnesbereiche, das heißt sowohl die Organe als auch die Objekte des Gesichts, Gehörs, Geschmacks, Gefühls und des Geistes, die den ganzen Bereich unserer möglichen Erfahrung bilden. Ein *dharma* ist ein unpersönliches Geschehnis, das zu keiner Person bzw. zu keinem Individuum gehört, sondern sich auf seine eigene objektive Weise abspielt. Es galt als höchst lobenswerte Leistung eines buddhistischen Mönches, wenn es ihm gelang, sich selbst über den Gehalt seines Denkens mit Hilfe dieser unpersönlichen *dharmas* Rechenschaft abzulegen, ohne je das nebulöse und verderbliche Wort »ich« einzuführen. Hierfür standen dem Mönch genaue *dharma*-Listen zur Verfügung. Bei keiner anderen Religion gehörte derartiges zum geistigen Training ihrer Anhänger. Die Originalität des Buddhismus liegt großenteils in dem, was er über diese schwer definierbaren *dharmas* zu sagen hat.

Was nun den *saṅgha*, die »Gemeinde«, betrifft, wo wird eine sichtbare und eine unsichtbare Gemeinschaft der Gläubigen unterschieden. Die *sichtbare* Gemeinde besteht in erster Linie aus den Mönchen und Nonnen und umfaßt dann in einem weiteren Sinne auch die Laienanhänger und Laienanhängerinnen, die die Mönche unterstützen, ihre Zuflucht bei den Drei Juwelen genommen haben und die Fünf Gebote einzuhalten versprechen. Innerhalb dieser Gemeinde bildete eine kleine Elite den *wahren saṅgha*. Das Tragen der gelben Robe zeigt nur, daß jemand außergewöhnlich gute Voraussetzungen zur Erringung des spirituellen Zieles hat, garantiert aber nicht den Erfolg. Was die Laien betrifft, so war ihre Stellung in der Gemeinde höchst unsicher, und bei vielen Mönchen schienen sie überhaupt nicht viel zu gelten.

Der wahre *saṅgha*, die unsichtbare Religionsgemeinschaft, bestand aus den *āryas*, den »Edlen« oder »Heiligen«, im Gegensatz zu den gewöhnlichen Weltkindern, die auch *bālapṛthagjana* genannt werden, was soviel heißt wie törichtes gewöhnliches Volk.

Der Unterschied zwischen diesen beiden Klassen von Personen ist für die buddhistische Theorie grundlegend. Von ihnen wird behauptet, sie hätten zwei verschiedene Existenzebenen, nämlich die »weltliche« bzw. die »überweltliche«. Einzig die Heiligen sind wahrhaft lebendig, während die Weltkinder nur in dumpfer und zielloser Verwirrung dahinvegetieren. Unzufrieden damit, auf normale Weise geboren zu sein, haben die Heiligen eine geistige Wiedergeburt durchlaufen, die unter dem Begriff »Erreichen des Weges« bekannt ist. Mit anderen Worten: sie haben sich von den bedingten Dingen in einem Maße gelöst, daß sie sich jetzt mit Erfolg dem Weg zuwenden können, der zum *nirvāṇa* führt. Die Schau des *nirvāṇa* ist beim Weltkind durch die Dinge der Welt verstellt, die es viel zu ernst nimmt. Durch lange Meditation kann es jedoch einen Zustand erreichen, in dem es jeden weltlichen Gegenstand, der vor ihm erscheint, aus vollem Herzen als bloßes Hindernis oder als Ärgernis verwirft. Ist dieser Widerwille einmal zur fest verwurzelten Gewohnheit geworden, kann es sich schließlich das *nirvāṇa*, das Unbedingte, zum Ziel nehmen. Dann »hört es auf, zum gewöhnlichen Volk zu gehören«, es »wird zu einem aus der Familie der Arier«. Danach bestimmen es die Beweggründe des gewöhnlichen Volkes immer weniger, das heißt Motive, die eine Mischung sind aus Selbstsucht und irregeführtem Glauben an die Realität der Sinnesobjekte und eine starke Dosis Begierde, Haß und Verblendung enthalten. Der Gegensatz zur Schau des *nirvāṇa* enthüllt die Bedeutungslosigkeit und Trivialität all dieser weltlichen Belange, und das *nirvāṇa* selbst wird immer mehr zur treibenden Kraft hinter allem Tun.

Normalerweise werden vier Gruppen von Heiligen unterschieden. Wer der untersten angehört, wird ein »in den Strom Eingetretener« genannt, was darauf hinweisen soll, daß er mit dem Weg in Verbindung gekommen ist, der zum Unbedingten führt. Unterscheidungskriterium ist, wie viele Male die Heiligen nach dem Tode in diese Welt zurückkehren müssen: Die erste Gruppe muß höchstens siebenmal zurückkehren, die zweite nur einmal und der Angehörige der vierten, der *arhat*, das edelste und letzte Produkt dieser Erziehung, überhaupt nicht. Der wahre *saṅgha* ist die Gemeinschaft all dieser Heiligen, die größte Wertschätzung aber erfahren die *arhats*.

4. *Die Sekten und ihre Dispute*

Die buddhistische Gemeinde zerfiel schon bald in eine Anzahl von Sekten. Die buddhistische Tradition Indiens spricht im allgemeinen von »18« solcher Sekten, aber das ist eine rein traditionelle Zahl. In Wirklichkeit kennen wir mehr als 30 – wenigstens dem Namen nach. Der Buddha hat keinen Nachfolger bestimmt, und der Buddhismus hat nie eine zentrale Autorität wie die des Papstes oder Kalifen gekannt.

Als sich in verschiedenen Teilen Indiens unterschiedliche Gemeinden bildeten, entstanden lokale Traditionen, doch blieben trotz aller geographischen und die Lehre betreffenden Unterschiede die verschiedenen Sekten im allgemeinen in ständiger Verbindung miteinander. So reisten einzelne Mönche ständig von einem Zentrum zum anderen, aber nicht nur das: der Brauch regelmäßiger Pilgerfahrten zahlreicher Mönche und Laienanhänger zu den heiligen, durch das Leben des Buddha und die Reliquien seines Körpers geweihten Stätten von Magadha, führte zu einer ständigen Vermischung verschiedenster Elemente. Die von den Sekten diskutierten Probleme wie auch die Voraussetzungen, auf denen die Entscheidungen beruhten, blieben auf diese Weise für alle in etwa gleich. Durch diesen dauernden Kontakt bewahrten sich alle Buddhisten ein gegenseitiges Verstehen. Die einzelnen Sekten strebten nach eigener Organisation und eigenen Schriften. Dennoch lebten in vielen Klöstern Angehörige verschiedener Sekten in bestem Einvernehmen zusammen. Man war allgemein der Meinung, daß das Ziel auf verschiedenen Wegen erreicht werden kann, und die Sekten verhielten sich sehr tolerant gegeneinander, wenngleich gelegentliche heftige Beschimpfungen in religiösen Angelegenheiten natürlich nicht gänzlich unbekannt waren. Alle Buddhisten hatten teil an einem gemeinsamen *dharma*, aber man sollte sich vor Augen halten, daß die verbale Formulierung dieses *dharma* nicht kurz, handlich und unzweideutig war. Sie wurde mündlich weitergegeben, um zu verhindern, daß sie an Unwürdige gelangte, zugleich aber war sie so umfangreich, daß sie kein einzelner im Gedächtnis behalten konnte. Infolgedessen wurden verschiedene Teile der Schriften Spezialisten überlassen, die – um nur ein paar Beispiele zu nennen – entweder den *vinaya* oder die *sūtras* oder einen Teil der *sūtras* oder den *abhidharma* auswendig wußten. Die Rezitatoren eines jeden Teils der Schriften bildeten gesonderte Vereinigungen mit eigenen Privilegien, und ihr Vorhandensein trug zu den Spaltungen innerhalb des Ordens bei.

Wir dürfen auch nicht vergessen, daß der Orden, wie sehr er sich an dieser Tatsache auch stoßen mochte, keine geschlossene Gemeinschaft war, sondern wirtschaftlich von Laien abhing, mit denen er auskommen mußte. Dadurch herrschte dauernd Spannung zwischen jenen, die den *dharma* als Mittel zur Bildung einer kleinen, unter strikter Befolgung der *vinaya*-Regeln in monastischer Abgeschlossenheit lebenden Elite von *arhats* sahen, und jenen, die für das gewöhnliche Volk die Aussichten auf Erlösung verbessern wollten, während sie die Autorität der *arhats* anfochten und für eine Lockerung der monastischen Vorschriften eintraten.

Und schließlich müssen wir auch die Philosophie als eine der wichtigsten Ursachen für die Sektenbildung nennen. Es ist unschwer einzusehen, warum die Philosophie in der Entwicklung des Buddhismus eine entscheidende Rolle gespielt hat. Erlösung auf höherer Ebene war von der meditativen Bewußtheit der wahren, unsere geistigen Prozesse beherrschenden Fakten abhängig gemacht worden. Im Verlaufe solcher Meditationen stießen die Mönche auf Probleme, die überall den Bereich der Philosophie bilden, wie z. B. das Wesen und die Klassifizierung des Wissens, die Kausalität, Raum und Zeit, Merkmale der Wirklichkeit, die Existenz oder Nichtexistenz eines »Selbst« usf. Nun ist es eine Erfahrungstatsache, daß sich die Philosophie von allen anderen Wissenszweigen darin unterscheidet, daß sie für jedes Problem mehr als eine Lösung zuläßt. Es liegt also in der Natur der Sache, daß sich die Meinungsverschiedenheiten mehrten, je mehr die Buddhisten in die philosophischen Verwicklungen ihrer Lehre eindrangen.

Es wäre ganz unmöglich, hier die buchstäblich Hunderte von Streitpunkten unter den Buddhisten aufzuzählen oder auch nur eine Liste aller Sekten zu bieten. Es wird genügen,

einige Worte über die vier oder fünf Hauptsekten zu sagen, die Untersekten aber unerwähnt zu lassen.
Das folgende Diagramm zeigt die Hauptverzweigungen des Ordens:

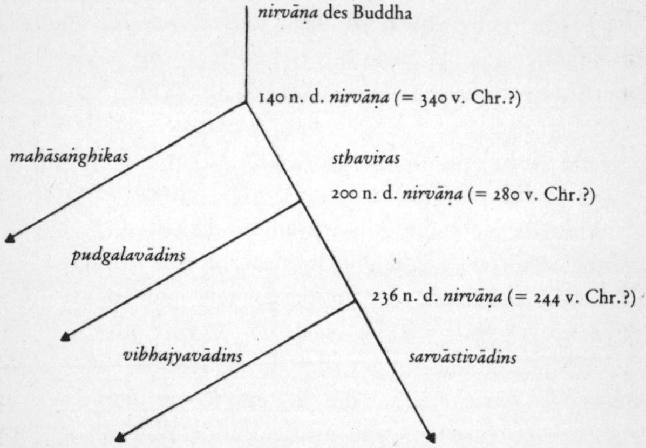

Das erste Schisma, das zwischen *mahāsaṅghikas* und *sthaviras*, wurde durch den Streit über den Status der *arhats* herbeigeführt. Ein Lehrer namens Mahādeva hatte behauptet, daß die *arhats* in fünf Punkten die göttliche Größe nicht erreichten, die einige Teile der Gemeinde ihnen zuschrieben. So könnten sie unter anderem Samenergüsse während des Schlafes haben, und diese Tatsache zeige, so argumentierte er, daß sie noch dem Einfluß dämonischer Gottheiten unterworfen seien, die ihnen in ihren Träumen erschienen. Auch seien sie noch Zweifeln ausgesetzt, vieler Dinge unkundig und verdankten ihre Erlösung der Führung anderer. Seine These führte zu einem Disput, in dem sich die Mehrheit auf die Seite Mahādevas stellte, dessen Schule sich demzufolge die *mahāsaṅghikas* (Männer der Großen Versammlung) nannte. Seine Gegner nannten sich *sthaviras*, »die Alten«, und behaupteten, die ältere und orthodoxe Lehre zu vertreten. Die *mahāsaṅghikas* gab es bis zum

Untergang des Buddhismus in Indien, und wichtige Entwicklungen der Lehre sind ihnen zuzuschreiben. Diese waren letztlich alle bestimmt von ihrer Entschlossenheit, sich gegen die Heiligen auf die Seite des Volkes zu stellen. So wurden sie zum Medium, durch das volkstümliche Bestrebungen in den Buddhismus gelangten.

Ihre wichtigsten Lehren beziehen sich auf die Vorstellung vom Buddha und die philosophische Theorie. Was den *Buddha* betrifft, so lag für sie alles Persönliche, Irdische, Zeitgebundene und Historische außerhalb des wahren Buddha. Dieser war für sie transzendental und völlig überweltlich, besaß keine Unvollkommenheit und Unreinheit irgendwelcher Art, war allwissend, allmächtig, unendlich und ewig, für immer in Trance zurückgezogen und nie zerstreut oder schlafend. Auf diese Weise wurde der Buddha zum idealen Gegenstand religiöser Verehrung. Der historische Buddha dagegen war für sie eine magische Schöpfung des Transzendentalen, ein fiktives Wesen, von Ihm gesandt, auf der Welt zu erscheinen und ihre Bewohner zu belehren. Einerseits darauf bedacht, die Jenseitigkeit des Buddha zu verherrlichen, versuchten die *mahāsaṅghikas* andererseits aber zugleich, seinen Wert für das gewöhnliche Volk zu vergrößern. Der Buddha, sagten sie, sei nicht ins *nirvāṇa* entschwunden, sondern werde mit einem Mitleid, das ebenso unbegrenzt ist wie die Dauer seines Lebens, bis ans Ende der Zeit Boten aller Art beschwören, damit sie allen Wesen auf verschiedenste Weise helfen. Sein Einfluß sei nicht auf die wenigen beschränkt, die seine dunklen Lehren verstehen können. Als ein *bodhisattva,* das heißt während der sehr langen, seiner Buddhaschaft vorausgehenden Zeit, werde er sogar in die »Daseinsformen des Leidens« wiedergeboren, werde aus eigenem freien Willen ein Tier, ein Gespenst oder ein Höllenbewohner und fördere auf vielfältige Weise das Wohl jener Wesen, die unter Bedingungen leben, unter denen die Weisheitslehre auf taube Ohren stoßen muß. Auch gebe es Buddhas nicht nur auf dieser

Erde, sondern sie erfüllten das ganze Universum. Sie existierten überall, in allen Weltsystemen.

Zwei der *philosophischen Theorien der mahāsaṅghikas* sind von besonderer Wichtigkeit:

1. Sie lehrten, daß das Denken seinem eigenen Wesen, seinem eigenen Sein, seiner Substanz nach völlig rein sei und klar. Die Unreinheiten seien akzidentiell, drängten niemals in es ein oder berührten seine ursprüngliche Reinheit: sie blieben »Fremdstoffe«.

2. Die *mahāsaṅghikas* entwickelten im Laufe der Zeit eine zunehmende Skepsis gegenüber dem Wert, Wissen und Erfahrung zu verbalisieren und in Begriffe zu fassen. Einige von ihnen lehrten, alle weltlichen Dinge seien unwirklich, da sie das Ergebnis falscher Anschauungen seien. Wirklich sei allein das, was die weltlichen Dinge transzendiere und »Leere« genannt werden könne, da es deren Abwesenheit sei. Andere sagten, daß alles – das Weltliche wie das Überweltliche, das Absolute wie das Relative, *saṃsāra* wie *nirvāṇa* – fiktiv sei und unwirklich und daß uns nichts gegeben sei als eine Anzahl verbaler Äußerungen, denen nichts Wirkliches entspreche. Auf diese Weise legten die *mahāsaṅghikas* schon früh den Keim für das, was im *mahāyāna*-Buddhismus der zweiten Periode zur Reife kam.

Die zweite Spaltung, die zwischen den *pudgalavādins* und den *sthaviras*, betraf die Frage der *pudgala*, der »Person«. Am Anfang ihrer Geschichte wurden die »Personalisten« nach ihrem Gründer *vatsīputrīyas* genannt, später jedoch kannte man sie besser als *sammitīyas*. Obwohl kaum orthodox, waren sie zeitweise doch sehr zahlreich, was man der Tatsache entnehmen kann, daß Xuanzang im 7. Jahrhundert von insgesamt 250 000 Mönchen in ganz Indien 66 000 Personalisten zählte. Es war ein Grunddogma der buddhistischen Philosophie, daß Personalität ein Zeichen für Falschheit sei und daß keiner Idee von einem »Selbst«, in welcher Gestalt sie auch erscheinen mag, in der Vorstellung von Wirklichkeit, wie sie tatsächlich ist, ein Platz eingeräumt werden sollte. Die Personalisten lehnten diesen Standpunkt ab und behaupteten, daß zusätzlich zu den unpersönlichen *dharmas* noch die Existenz einer Person angenommen werden muß. Zugunsten ihrer Auffassungen konnten sie zahlreiche Schriftbeweise anführen. So zitierten sie beispielsweise gern die Stelle: »Eine Person wird, wenn sie auf die Welt kommt, für das Wohl der vielen geboren. Wer ist diese eine Person? Sie ist der Tathāgata.« Ihre Gegner mußten dieses und viele andere Zitate gelten lassen, aber sie behaupteten, daß sie etwas anderes meinen, als sie sagen, da sich der Buddha in ihnen nur den Sprachgewohnheiten einer unwissenden Welt angepaßt habe.

Andererseits lehrten die Personalisten, daß die Person im tiefsten Sinne wirklich sei, in dem Sinne nämlich, daß sie ein gemeinsames Element bzw. ein Bindeglied sei für alle Prozesse, die sich nacheinander durch viele Leben in einem selbstidentischen Einzelwesen bis hin zur Buddhaschaft abspielen. Zugleich bemühten sich die *pudgalavādins* sehr darum, das Verhältnis der Person zu den *skandhas* in einer Weise zu definieren, daß kein Widerspruch zu den wesentlichen Grundsätzen der Lehre des Buddha entstand und »der Irrglaube an ein Selbst« ausgeschlossen war. »Die Person ist weder mit den *skandhas* identisch, noch ist sie in ihnen oder außerhalb von ihnen«, so glaubten sie. Sie bietet, würden wir es formulieren, eine Art »Struktureinheit« für die psychophysischen Elemente. Als solche ist sie »unaussprechlich«, in jeder Hinsicht undefinierbar. Das wahre, transzendente Selbst eines Menschen ist so fein, daß nur der Buddha es sehen kann. Die *pudgalavādins* vertraten die Reaktion des gesunden Menschenverstands auf die Unwahrscheinlichkeiten der *dharma*-Theorie in ihrer starren Form. Jahrhundertelang waren sie für die Disputanten der anderen Sekten ein ständiges Ärgernis, und in gewisser Hinsicht waren sie die Vorläufer der *mahāyāna*-Philosophie. Zwischen dem *pudgala* und der Soheit bzw. Leere der *mādhyamikas* besteht eine große Ähnlichkeit, und das »Speicherbewußtsein« der *yogā-*

cārins besaß viele der Funktionen, die die Personalisten dem *pudgala* zuschrieben.

3. Die Spaltung zwischen den *sarvāstivādins* und *vibhajyavādins* wurde durch die panrealistische ontologische Lehre Kātyāyanīputras herbeigeführt, der gelehrt hatte, daß nicht nur die gegenwärtigen, sondern auch vergangene und zukünftige Ereignisse wirklich sind. Es scheint, daß Aśoka für die *vibhajyavādins* Partei ergriff und daß aus diesem Grunde die *sarvāstivādins* nach Norden zogen und Kaschmir bekehrten, das mehr als tausend Jahre lang ihr Zentrum blieb. Wenn wir die grundlegende Praxis der buddhistischen Meditation betrachten, ist es nicht überraschend, daß die Existenz vergangener und künftiger Ereignisse ein so wichtiges Problem gewesen zu sein scheint. Bei den Unzulänglichkeiten dieser Welt kam der Unbeständigkeit höchstrangige Bedeutung zu, und es war die Aufgabe des Yogin, sich ihrer ganz und gar bewußt zu werden, um so seinen Widerwillen gegenüber weltlichen Dingen zu stärken. In diesem Zusammenhang mußte er sich einem Geschehen, einem *dharma* zuwenden und seinen »Aufstieg und Fall« erkennen, das heißt beobachten, wie es »kommt, wird und geht«. Hatte sich ein Mönch aber einmal daran gewöhnt, die Vergangenheit der Gegenwart und Zukunft gegenüberzustellen, mochte er wohl auch wissen wollen, ob nur die Gegenwart wirklich existiert oder auch die Vergangenheit und Zukunft. Wenn nur die Gegenwart existiert, fragt sich als nächstes, wie lange sie dauert. Viele glaubten, sie dauere nur einen einzigen Augenblick. In diesem Fall würde kein Etwas irgendeine Zeitspanne lang bestehen und man müßte annehmen, daß es von Augenblick zu Augenblick vernichtet und wiedergeschaffen wird. Das bereitet nicht nur dem gesunden Menschenverstand Schwierigkeiten, sondern nach Kātyāyanīputra auch der buddhistischen Lehre von *karman* und Vergeltung. Wenn nämlich eine vergangene Handlung, die zu existieren aufhörte, unmittelbar nachdem sie stattgefunden hat, viele Jahre später zu einer Belohnung oder

Bestrafung führen sollte, dann ist in diesem Falle etwas wirksam, das nicht existiert, und hat Auswirkungen zu einer Zeit, da es nicht existiert. In gleicher Weise, so dachte Kātyāyanīputra, könne es keine Kenntnis vergangener und zukünftiger Dinge geben, wie Gedächtnis und Vorhersage sie bezeugen, da kein Wissen möglich ist, ohne daß dem Denken ein reales Objekt vor Augen steht. Er entwickelte daher die panrealistische Theorie, die für die *sarvāstivādins* charakteristisch wurde. Sie vermied die obenerwähnten Schwierigkeiten, nur um statt dessen viele andere einzuführen, so daß ein großer Überbau an Hilfshypothesen erforderlich wurde, um sie zu verteidigen. Trotz ihrer Neigung zu einer reichlich gewundenen Spitzfindigkeit wurden die *sarvāstivādins* jedoch die bedeutendste Schule auf dem indischen Subkontinent.

Das Ergebnis dieses aufkeimenden Interesses an philosophischen Fragen war das erste Beispiel einer ganzen Kategorie kanonischer Texte, die geschaffen wurden, um mit der neuen Lage fertig zu werden. Die *abhidharma*-Werke wurden mit Sicherheit erst nach der dritten Spaltung der Schulen verfaßt. Die sieben *abhidharma*-Bücher der *sarvāstivādins* unterscheiden sich inhaltlich erheblich von dem der sieben Bücher der *theravādins*, einer Seitenlinie der *vibhajyavādins*. Einige Sekten wie die *sautrāntikas* gingen so weit, die Authentizität aller *abhidharma*-Werke zu bestreiten. Seit etwa dem Jahr 200 v. Chr. wurden große geistige Anstrengungen unternommen, diese Bücher zu schreiben. Es sind Handbücher für Meditationstechniken, die zeigen, welche Ereignisse als elementar betrachtet werden können, wie sich andere aus ihnen zusammensetzen, wie sie einander bedingen usw.

Ehe wir das Thema der Schulen verlassen, wollen wir jedoch noch einige weitere Streitpunkte in Fragen von allgemeinem Interesse erwähnen. So wurde der schwer definierbare Begriff des *nirvāṇa* zum Gegenstand der Diskussion. Wenn das *nirvāṇa* nicht bedingt ist, existiert es dann und kann es Wirkungen haben? Ist es das einzige Unbedingte oder ist der

Raum auch unbedingt? Gibt es irgendeinen Unterschied zwischen dem *nirvāṇa* der Buddhas und dem der anderen Leute, und wenn ja: worin besteht er? Auch bestand ein großes Interesse an der Bestimmung der Kriterien für seine *endgültige Erlangung*, die nicht wieder verloren werden kann. Es wurde daher viel darüber gestritten, wann und ob die *arhats* und andere Heilige »zurückfallen« können und ab wann ihre Erlösung gesichert ist. Hinsichtlich des *Todes*, der im Denken dieser Asketen immer gegenwärtig war, fragte man sich, ob der Zeitpunkt eines Eintretens durch das *karman* ein für allemal festgelegt ist oder ob es einen vorzeitigen und verfrühten Tod geben kann. Auch war man sich nicht einig darüber, was auf den Tod folgt: Fünf Schulen glaubten, daß auf den Tod die sofortige Wiedergeburt in einem anderen Organismus folgte, wohingegen fünf andere Schulen lehrten, daß auf den Tod ein »Zwischenzustand« von bis zu 49 Tagen folge, während dessen sich in den meisten Fällen die neue Inkarnation langsam vorbereitete. Im Falle bestimmter Heiliger diene diese Zwischenzeit zur Erlangung des *nirvāṇa*, das ihnen während des diesseitigen Lebens entgangen war.

5. *Der Laienstand*

Wir haben nun die grundlegenden Ansichten und Ziele der Bettelmönche skizziert, die den Kern der buddhistischen Welt bilden. Wie steht es nun aber mit jenen Buddhisten, die nicht Mönche waren, wie steht es mit dem Laienstand, ohne den die Mönche unmöglich ihre Meditationen hätten betreiben können? Was ist ihre Stellung im religiösen System? Was ist ihre Aufgabe? Und was tun die Mönche für sie?

Wenn sich ein Laienanhänger an sein Zuhause gebunden fühlt und aus ihm nicht in das unbehauste Leben zu entfliehen vermag, so liegt dies daran, daß ihm eine Eigenschaft fehlt, die »Verdienst« genannt wird und die abhängt von dem, was er in der Vergangenheit getan hat. Sie bestimmt seine religiösen Möglichkeiten. Einige Ausnahmefälle sind überliefert, in denen Laien ohne vorherigen Eintritt in den Orden Todlosigkeit erlangt haben. Im allgemeinen jedoch ist ihre Erlösung im jetzigen Leben ausgeschlossen und kann nur unter der Bedingung gesichert werden, daß sie in einem künftigen Leben genügend »Verdienst« ansammeln, um den Sprung in das von sozialen Bindungen freie mönchische Leben vollziehen zu können. Die einzige religiöse Aufgabe des Laien in diesem Leben kann nur darin bestehen, seinen Vorrat an Verdienst zu mehren. Die buddhistische Religion bietet ihm hierfür vier Wege:

1. Er muß die *Fünf Gebote* befolgen (s. S. 23) oder zumindest einige von ihnen. An Festtagen – alle zwei Wochen – kann er drei weitere hinzufügen, das heißt, er fastet, meidet weltliche Belustigungen und verwendet weder Salben noch Schmuck. Einige befolgten noch zwei weitere Vorschriften, das heißt, sie schliefen in keinem hohen, großen Bett und nahmen weder Gold noch Silber an.
2. Er muß den *Drei Juwelen* (s. S. 20, 25 ff.) die Treue halten. Treue ist die der gesellschaftlichen Stellung eines Haushaltsvorstands angemessene Tugend. Aber diese Treue ist nicht exklusiv und zieht keine Ablehnung des Glaubens seiner Väter und der brahmanischen religiösen Bräuche in seiner sozialen Umwelt nach sich. Das »Dreifache Juwel« ist kein eifersüchtiger Gott und findet kein Mißfallen an der Verehrung von Heimat- oder Kastengottheiten.
3. Er muß großzügig sein, besonders den Mönchen gegenüber, und ihnen nicht nur für ihren Unterhalt, sondern auch für religiöse Bauwerke, die keiner bewohnt, soviel wie möglich geben. Bis zu einem gewissen Grad hängt das durch Gaben erworbene Verdienst von den spirituellen Talenten des Empfängers ab, und daher sind die Söhne Śākyamunis – und im besonderen die *arhats* – der bestmögliche »Boden, um Verdienst zu säen«.

4. Er kann die Reliquien des Buddha (s. S. 29) verehren. Es ist schwer, die wirkliche Einstellung der Buddhisten zu diesen Zähnen und Knochen mit Begriffen zu beschreiben, die im Westen ohne weiteres verstanden werden. Offenbar ist es ihnen nämlich unmöglich, zum Buddha zu »beten«, weil er, da er im *nirvāṇa* ist, nicht mehr hier ist, das heißt ausgelöscht ist, soweit es diese Welt betrifft. Es ist sogar ungewiß, ob das Wort »Verehrung« ganz zutrifft. Vor dem modernen Industrialismus betrachteten die Menschen die Welt als ein geheimnisvolles Reich unbegrenzter Möglichkeiten, erfüllt von unsichtbaren Kräften, bedeutungsvoll und voller vielsagender Zeichen. Die Haltung des *namaskāra*, bei der die aneinandergelegten Handflächen vorgehalten werden, ist die übliche Grußform in Indien. Mit Bigotterie, Unterwürfigkeit und abergläubischem Götzendienst hat das nichts zu tun. Alle diese Dinge belasten weder den wahren Gläubigen, noch beschränken sie seine innere Freiheit. Der Eifer der Gläubigen schenkte der buddhistischen Welt unzählige Schreine *(caitya)* und *stūpas*, die zum besonderen Kultobjekt der Haushaltsvorstände wurden. Die Schaffung und Verehrung von Buddha-Bildnissen hingegen ist ziemlich spät und geht wohl nicht vor das 1. Jahrhundert n. Chr. zurück.

Wenn ein Laie diese vier Pflichten richtig erfüllt, wird er in diesem Leben glücklich sein und nach seinem Tod im Himmel oder im Paradies wiedergeboren werden. Kaiser Aśoka ist ein gutes Beispiel für die Art Buddhismus, wie die Laien sie verstanden. Von den buddhistischen Lehren hielt er für die beiden wichtigsten, zu vermeiden, anderen zu schaden *(ahiṃsā)* sowie aktive Wohltätigkeit *(maitrī)*. Seine Erlasse enthalten zahlreiche moralische Ermahnungen in bezug auf die Übung der einfachen Tugenden. Auch hören wir viel von der Notwendigkeit, fromm zu sein. Über die tieferen Gedanken und die Grundsätze des Glaubens enthalten die Edikte jedoch nichts. Ebenso unerwähnt bleiben die vier heiligen Wahrheiten, der achtfache Weg, die Kette der bedingten Entstehung, ja sogar das *nirvāṇa* und die übernatürlichen Eigenschaften eines Buddha.

Welche Wohltaten nun erweist der Mönch den Laien? Er mehrt ihr geistiges wie auch ihr materielles Wohl. Er fördert das erstere sowohl durch Predigten über jene Aspekte der Lehre, die für die Laien verständlich und wichtig sind, wie durch das Beispiel eines heiligen Lebens, das denen Mut und Anreiz gibt, die noch an die Welt gebunden sind. Auch vermag er ihnen eine Ahnung von der Freiheit der heiteren Gelassenheit zu vermitteln, die sie in einem künftigen Leben erlangen können. Im Laufe der Zeit wurden zum Wohl der Laien zahlreiche Geburtsgeschichten *(jātaka)*, die von den früheren Leben des Buddha – als Tier sowohl wie als Mensch – berichten, sowie erbauliche Erzählungen *(avadāna)* verfaßt. Diesen Geschichten lauschte man begierig, aber sie hatten weniger Gewicht als die mehr metaphysischen Lehren, denn ihre Botschaft betrifft hauptsächlich die Tugenden des weltlichen Lebens. Sie betonen ständig die Lehre vom *karman* und von der Wiedergeburt und fördern das Mitgefühl allem Lebenden gegenüber. Viele der *jātaka*-Geschichten wurden in Bhārhut, Bodhgayā, Sāñcī, Nāgārjunakoṇḍa und Ajaṇṭā in Stein gehauen und gemalt.

Das buddhistische Asien glaubte zudem, daß das materielle Wohlergehen des Volkes, sein wirtschaftlicher Wohlstand und sein Verschontwerden von Hungersnot, Epidemien und Kriegen weitgehend das Werk der Mönche war. Ob es einem Volk gutgeht, hängt nämlich hauptsächlich vom Wohlwollen okkulter und spiritueller Kräfte ab, über die nur die Mönche Bescheid wissen können und die nur sie günstig stimmen können. Einem Volk, das die Mönche achtet, indem es seine Verehrung für die Buddhas durch großzügige Geschenke an Klöster, Tempel und Schreine beweist, geht es gut, eine Nation aber, die sich von der Religion abwendet, ist dazu verurteilt, im Elend zugrunde zu gehen. Diese Überzeugungen trugen dazu bei, die mönchischen Institutionen zu bewahren.

Die freiwillige und sporadische Unterstützung durch eine dem Orden derart schwach verbundene Bevölkerung hätte ihn jedoch nicht lange am Leben gehalten. Das Geheimnis ihres gesellschaftlichen Überlebens durch die Jahrhunderte lag in der immer wieder bewiesenen Fähigkeit der Buddhisten, die Unterstützung asiatischer Herrscher zu gewinnen, die die monastischen Institutionen mit Regierungsmitteln unterhielten. War dies nicht der Fall, dann sahen sich die Mönche veranlaßt, selbst Großgrundbesitzer zu werden und vollständig auf die unregelmäßigen Einnahmen zu verzichten, die die Bettelei von Haus zu Haus erbrachte. Gewiß ist das auch eine Lösung, aber sie gefährdet die Distanz zu den Dingen dieser Welt und kann die Mönche leicht wieder in die Arena sozialer Konflikte zurückbringen.
Dennoch waren die Beziehungen zum Laienstand immer gefährdet. Hier, auf dem Grund dieser Beziehungen, war die Achillesferse des ganzen erhabenen Gebäudes. Wenn der Buddhismus von den Grundsätzen der ersten Periode abwich, so war dies großenteils das Werk der Laien. Es war der Druck von ihrer Seite, der wesentlich dazu beitrug, die Reformen der zweiten und dritten Periode herbeizuführen, Reformen, die daher der strengen monastischen Partei als Entartung erschienen. Das *mahāyāna* maß dem Laienstand weit größere Beachtung bei. Weil es Menschen für ebenso wichtig hielt wie *dharmas*, weil es die Selbstsucht von Mönchen angriff, die nur an ihr eigenes Wohl denken, weil es ständig »hochmütige« und »dünkelhafte« Mönche tadelte sowie wegen seiner Geschichten über wohlhabende Hausherren wie Vimalakīrti, die sogar die ältesten und ehrwürdigsten Mönche an glänzenden geistigen Fähigkeiten übertrafen, hatte das *mahāyāna* starken Rückhalt im Volk. Diese Art öffentlichen Drucks sollte die Mönche dazu bringen, den Laien auch auf offenkundige Weise nützlich zu werden. In der dritten, der tantrischen Periode paßten sich die Mönche deren Zauberglauben an und fungierten als Astrologen, Geisterbeschwörer, Wettermacher, Ärzte usw. Daher

wird die Geschichte des Buddhismus unverständlich, wenn man nicht die Wünsche des gewöhnlichen stummen Volkes gebührend berücksichtigt. Der Stein, den die Bauleute verworfen hatten, wurde so schließlich zum Eckstein.

6. *Ausbreitung*

Während dieser ersten Periode blieb der Buddhismus im großen und ganzen eine rein indische Religion. Kaiser Aśoka schickte zwar um 250 v. Chr. einige Gesandtschaften an die Nachfolger Alexanders des Großen, das heißt in die griechischen Königreiche der Diadochen in Ägypten, Makedonien, Kyrene und Epirus. Diese Missionen aber haben keine Spuren hinterlassen, und sie dürften wohl wirkungslos geblieben sein. Die ziemlich undeutlichen Vorstellungen vom Buddhismus, die sich bei griechischen Autoren finden, können aus späteren Kontakten in Verbindung mit dem blühenden Handel zwischen Indien und dem Mittelmeerraum zur Römerzeit erklärt werden.

Lediglich auf Ceylon trug Aśokas Missionstätigkeit Früchte. Nachdem er einmal um 240 v. Chr. durch Aśokas Sohn Mahinda dorthin gebracht war, blieb der Buddhismus auf Ceylon länger lebendig als irgendwo sonst. Seitdem war der Buddhismus ceylonesische Staatsreligion. Nur Buddhisten waren legitimiert, Könige zu sein. Die Insel Laṅkā, so glaubte man, gehöre dem Buddha selbst. Es war die Pflicht des Königs, den Mönchsorden zu beschützen, und den Klöstern erwuchs großer Nutzen in Form von Schenkungen, Prestige und Schutz vor Störungen von außen. Obwohl die Könige meist Laien waren, fungierten sie dennoch als Oberste Richter in jedem möglichen Streit unter den Buddhisten. Die Mönche ihrerseits halfen im allgemeinen den Königen und gewannen die Unterstützung des Volkes für deren Wünsche. Diese enge Verbindung des *saṅgha* mit dem Staat hatte aber auch ihre Nachteile. Seit dem 2. Jahrhundert

v. Chr. durchtränkte sie nicht nur den ceylonesischen Buddhismus mit nationalistischem Geist und machte die Mönche empfänglich für politische Intrigen, sondern brachte diese sogar dazu, die nationalistischen Kriege ihrer Könige begeistert zu unterstützen. Sie versicherten König Duṭṭhagāmaṇī (101-77 v. Chr.), daß die Tötung vieler Tausende von Feinden nicht zähle, da sie als Ungläubige in Wahrheit nicht mehr seien als Tiere. Sie begleiteten das Heer desselben Königs, »da der Anblick der *bhikkhus* Segen und Schutz bedeutet«. Der König selbst ließ eine Buddhareliquie in seinen Speer einsetzen.

Lange Zeit standen die ceylonesischen Buddhisten über die Häfen Bharukaccha und Sūrpāraka an der Westküste in lebhaftem Kontakt mit Indien. Allmählich kam der ganze Kanon nach Ceylon, und gegen Ende der ersten Periode – oder vielleicht sogar später – folgten neue, von der Muttersekte in Indien in Pāli geschriebene Werke wie der erste Teil der »Fragen des Königs Milinda« und der »Niddesa«. Während des 1. Jahrhunderts v. Chr. wurden in Aluvihāra der Kanon und die Kommentare aufgezeichnet, die bisher nur mündlich überliefert worden waren, »damit der *dharma* bewahrt werden kann«. Krieg und Hungersnot hatten das Land entvölkert, und die mündliche Überlieferung der *piṭakas* war gefährdet. Die heilige Sprache des Kanon war Pāli, die Kommentare hingegen waren singhalesisch. Ceylon wurde die Heimat der Schule der *theravādins*, die für die Geschichte des Buddhismus teils deshalb von großer Bedeutung sind, weil ihr Kanon vollständig erhalten ist, teils aber auch, weil sie ihrer geographischen Isolierung wegen von vielen der späteren Entwicklungen relativ unberührt geblieben sind. Allerdings ist es nicht ganz klar, von welcher Schule auf dem indischen Festland sie herstammen. Wahrscheinlich waren sie mit den indischen *vibhajyavādins* verwandt und ein Ableger von einem ihrer Zweige.

II. KAPITEL
DIE ZWEITE PERIODE: 0-500 N. CHR.

1. *Das* mahāyāna *in Indien*

Um den Beginn der christlichen Zeitrechnung gewann im Buddhismus eine neue Richtung Gestalt: das *mahāyāna* (das »Große Fahrzeug«). Zu seiner Entstehung hatte beigetragen, daß seine frühere Triebkraft sich erschöpft hatte, so daß es immer weniger *arhats* gab, daß es innerhalb der verschiedenen Lehrmeinungen, die sich entwickelt hatten, zu Spannungen gekommen war sowie daß die Laien mehr gleiche Rechte mit den Mönchen forderten. Auch fremde Einflüsse spielten eine entscheidende Rolle. Das *mahāyāna* entwickelte sich in Nordwest- und Südindien, in den beiden Regionen also, wo der Buddhismus am stärksten nichtindischen Einflüssen ausgesetzt war: der griechischen Kunst in ihrer hellenistischen und römisch geprägten Form sowie dem Gedankengut sowohl der mittelmeerischen wie auch der iranischen Welt. Diese Fremdbefruchtung machte den *mahāyāna*-Buddhismus nun auch seinerseits für den Export außerhalb Indiens geeignet. Um sich auch außerhalb Indiens fortpflanzen zu können, mußte der Buddhismus erst bis zu einem gewissen Grade durch fremde Einflüsse modifiziert werden und in einer Vorbereitungsphase gewisse indische Züge ablegen. Er mußte zuerst von fremden Kulturen geprägt werden, ehe er auf sie wirken konnte. Verallgemeinernd läßt sich also sagen, daß der Buddhismus erst in der Gestalt des *mahāyāna* außerhalb Indiens lebensfähig war. Im Laufe der Zeit hat das *mahāyāna* dann die ganze nördliche Hälfte der buddhistischen Welt erobert, und die Buddhisten Nepals, Tibets, der Mongolei, Chinas, Koreas und Japans sind fast alle Anhänger des *mahāyāna*.

Das *mahāyāna* entwickelte sich in zwei Stadien: zunächst in unsystematischer Weise zwischen 100 v. Chr. und 500 n.

Chr. und dann, seit 150 n. Chr., in systematisierter philosophischer Gestalt, die zur Herausbildung von zwei verschiedenen Schulen führt, den *mādhyamikas* und den *yogācārins*.

Zunächst müssen wir die Grundzüge des frühen *mahāyāna* erklären. Um 100 v. Chr. hatten eine Anzahl von Buddhisten das Gefühl, daß die Aussagen der Lehre schal und unbrauchbar geworden seien. In der Überzeugung, daß der *dharma* immer wieder neuer Formulierung bedarf, um den Bedürfnissen neuer Zeitalter, neuer Generationen und neuer sozialer Gegebenheiten gerecht zu werden, nahmen sie sich vor, neue Schriften zu schaffen. Die Schaffung dieser Literatur ist einer der großartigsten Ausbrüche schöpferischer Energie in der Geschichte der Menschheit. Sie dauerte ohne Unterbrechung etwa vier bis fünf Jahrhunderte. Wiederholung allein, so glaubten sie, kann eine Religion nicht lebendig erhalten. Ohne ständige Erneuerung als Gegengewicht würde sie erstarren und ihre lebensspendenden Eigenschaften verlieren.

Soweit erscheint die Einstellung des *mahāyāna* ganz logisch. Was schwieriger zu verstehen ist, ist, daß sie darauf bestanden, diese neuen Schriften, die ganz offensichtlich Jahrhunderte nach dem Tod des Buddha verfaßt worden sind, unbedingt als die wahren Worte des Buddha selbst auszugeben. Um dem neuen System Platz zu schaffen, setzten sie – wie die *mahāsaṅghikas* vor ihnen – die Bedeutung des historischen Buddha Śākyamuni herab und ersetzten ihn durch den Buddha, der die Verkörperung des *dharma* ist *(dharmakāya)*. Im »Lotos des Guten Gesetzes« heißt es, der Buddha habe seine Erleuchtung keineswegs um 500 v. Chr. oder wann auch immer in Bodhgāya erfahren, sondern lebe Äonen um Äonen weiter, von Ewigkeit zu Ewigkeit, und predige zu allen Zeiten, an unzähligen Orten und in zahllosen Masken das Gesetz. Im »Diamantsūtra« *(Vajracchedikā 26 a b)* steht der berühmte Vers:

Die mich in meiner Form sahen
Und die meiner Stimme folgten,
Ihre Anstrengungen sind falsch,
Mich werden diese Leute nicht sehen!
Am *dharma* soll man die Buddhas erkennen,
Von den *dharma*-Körpern kommt ihre Führung ...

Die Vorstellung vom Buddha als der zeitlosen Verkörperung aller Wahrheit berücksichtigte die sukzessive Enthüllung jener Wahrheit durch ihn zu verschiedenen Zeiten. Damit noch nicht zufrieden, versuchten die Anhänger des *mahāyāna* ihre eigenen neuen Schriften durch eine Reihe mythologischer Geschichten mit dem historischen Buddha zu verknüpfen. Sie behaupteten, daß es sich bei diesen Schriften um Predigten des Buddha im Laufe seines Erdenlebens handele und daß gleichzeitig mit dem Konzil von Rājagṛha, das die *sūtras* des Kleinen Fahrzeugs *(hīnayāna)* kodifizierte, die *mahāyāna-sūtras* durch eine Versammlung von *bodhisattvas* auf dem mythischen Berg Vimalasvabhāva kodifiziert worden seien. Diese Texte seien wie durch ein Wunder fünf Jahrhunderte lang in den unterirdischen Palästen der *nāgas* (der Schlangengötter) beim König der Gandharven (einer Gruppe von Halbgöttern) oder beim Götterkönig gelagert worden. Nāgārjuna zufolge wurden diese »Schätze der Vergangenheit 500 Jahre nach dem *nirvāṇa* des Buddha, als sich das Gute Gesetz, nachdem es allmählich in Verfall geraten war, in großer Gefahr befand«, ausgegraben, enthüllt und verbreitet, um die Lehre wiederzubeleben.
Was waren nun die wichtigsten Neuerungen in der Lehre des *mahāyāna*? Sie lassen sich in fünf Punkten zusammenfassen:

1. Im Hinblick auf das Ziel erfolgt ein Wandel vom *arhat*-Ideal zum *bodhisattva*-Ideal.
2. Ein neuer Erlösungsweg wird entwickelt, auf dem Mitleid gleichrangig ist mit Weisheit und der gekennzeichnet

wird durch den graduellen Aufstieg durch sechs »Vollkommenheiten« *(pāramitā)*.

3. Dem Glauben wird ein neuer Bereich eröffnet, indem er ein neues Pantheon von Gottheiten erhält bzw., genauer gesagt, von menschlichen Wesen, die mehr als göttlich sind.

4. »Geschicklichkeit bei der Anwendung der Mittel« *(upāyakauśalya)*, eine ganz neue Tugend, wird für den Heiligen unentbehrlich und wird sogar über die bisher höchste Tugend, die Weisheit, gestellt.

5. Eine kohärente ontologische Lehre wird entwickelt, die sich mit Problemen beschäftigt wie dem der »Leere«, der »Soheit« usw.

Wir werden nun im einzelnen auf diese fünf Punkte eingehen:

1. Das Ziel der *arhat*schaft, das den Buddhismus in der ersten Periode bewegt hatte, wird jetzt sekundär. Der Heilige des *mahāyāna* strebt danach, ein *bodhisattva* zu sein – von *bodhi* »Erleuchtung« und *sattva* »Wesen«. Ein *bodhisattva* hat drei Merkmale: *a)* Im Kern seines Wesens wird er von dem Verlangen getrieben, die volle Erleuchtung eines Buddha zu erreichen, die dieser Auffassung nach vollständige Allwissenheit einschließt, das heißt das Wissen um alle Dinge zu allen Zeiten und in allen ihren Einzelheiten und Aspekten. *b)* Er wird gleich stark von zwei Kräften beherrscht, nämlich von Mitleid und Weisheit. Aus Mitleid verschiebt er selbstlos seinen Eintritt in die Seligkeit des *nirvāṇa*, damit er leidenden Wesen helfen kann. Aus Weisheit ist er bestrebt, Einsicht in die Leere alles Seienden zu gewinnen. Er beharrt in seiner mitleidvollsten Solidarität mit allem Lebendigen, wenngleich seine Weisheit ihm zeigt, daß Lebewesen und all ihre Leiden reine Illusion sind. *c)* Obwohl ein *bodhisattva* nach höchster Reinheit strebt, bleibt er mit den gewöhnlichen Menschen in Verbindung, weil er ihre Leidenschaften teilt. Allerdings beeinträchtigen

seine Leidenschaften weder seinen Geist, noch beflecken sie ihn.

2. Das Mitleid eines *bodhisattva* wird »groß« genannt, weil es grenzenlos ist und keine Unterschiede macht. Ein *bodhisattva* beschließt, aller Retter zu werden, ungeachtet ihres Wertes oder ob sie seine Aufmerksamkeit erheischen. War während der ersten Periode die Weisheit der Heiligen betont worden, so wurde jetzt ihrem selbstlosen Verlangen, andere glücklich zu machen, gleiche Bedeutung beigemessen. Erleuchtung ist das vollkommene und vollständige Verstehen des Wesens und der Bedeutung des Lebens, der Kräfte, die es bestimmen, der Art und Weise, es zu beenden, und der jenseitigen Wirklichkeit. Die Anhänger des *mahāyāna* sind einhellig der Meinung, daß diese Erleuchtung nicht zwangsläufig das Verlangen nach sich zieht, anderen beizustehen. Unter den Erleuchteten unterscheiden sie drei Arten, zwei »selbstsüchtige« und eine »selbstlose«. Die »selbstsüchtigen« Arten sind die *arhats* und *pratyekabuddhas*, von denen es heißt, daß sie die Idee des *hīnayāna* vertreten, des »kleinen, niedrigen Fahrzeugs«. Man sagt, daß sie sich den Belangen der Welt fernhalten und allein auf ihre eigene, persönliche Erlösung bedacht sind. Die »Selbstlosen« sind die Buddhas, und das selbstlose Streben nach Erleuchtung seitens eines *bodhisattva* wird das »Buddha-Fahrzeug« oder das »Große Fahrzeug« *(mahā-yāna)* genannt.

Ein *bodhisattva* muß Geduld besitzen. Er möchte ein Buddha werden, aber sein Abstand von der transzendentalen Vollkommenheit eines höchsten Buddha, der alles weiß und alles ist, ist offenbar nahezu unendlich. In einem Leben kann dieser Abstand unmöglich überwunden werden. Zahllose Leben wären dafür nötig, und ein *bodhisattva* muß bereit sein, Äonen um Äonen zu warten, ehe er sein Ziel erreichen kann. Und doch trennt ihn von der Buddhaschaft nur ein einziges kleines Hindernis, nämlich sein Glaube an ein persönliches Selbst, die Annahme, ein selbständiges Individuum zu sein, seine eingewurzelte Neigung zum »Ich-

Machen und Mein-Machen« *(ahaṅkāramamakāra)*. Sich von seinem Selbst zu lösen ist die höchste Aufgabe des *bodhisattva*. Er versucht durch zwei Arten von Maßnahmen, sich von seinem Selbst zu lösen – aktiv durch Selbstaufopferung und selbstloses Dienen und kognitiv durch Einsicht in die objektive Nichtexistenz eines Selbst.

Das erstere resultiert aus seinem Mitleid, das zweite aus seiner Weisheit, die definiert wird als die Fähigkeit, zur wahren Wirklichkeit durchzudringen, zum »Selbstsein« der Dinge, zu dem, was sie in und durch sich selbst sind. Handeln und Erkennen, so glaubt man, müssen immer Hand in Hand gehen, um geistig fruchtbar zu werden.

Die Einheit von Mitleid und Weisheit wird bewirkt durch die sechs »Vollkommenheiten« oder *pāramitās*, die sechs »Wege, ins Jenseits zu gelangen«. Ein Mensch wird zum *bodhisattva*, wenn er sich zunächst vornimmt, zum Wohle aller Wesen die volle Erleuchtung zu erlangen. Danach widmet er sich bis zur Erreichung der Buddhaschaft Äonen um Äonen der Übung der *pāramitās*. Dieser Begriff ist so wichtig, daß sich das *mahāyāna* oft selbst als »Fahrzeug der *pāramitās*« bezeichnet. Die sechs Vollkommenheiten sind die des Gebens, der Sittlichkeit, der Geduld, der Willenskraft, der Meditation und der Weisheit. Die erste gebietet Freigebigkeit, das heißt die Bereitschaft, alles wegzugeben, was man hat, sogar den eigenen Körper, und die zweite macht es zur Pflicht, die sittlichen Gebote selbst unter Lebensgefahr gewissenhaft zu befolgen. Was die »Geduld« betrifft, so sagt das *mahāyāna* darüber viel mehr als das *hīnayāna* und verwendet dieses Wort in einem weiteren Sinn als gewöhnlich. Als sittliche Tugend bedeutet es das geduldige Ertragen aller Arten von Leiden und Feindseligkeit sowie – wenn man sie erfährt – den vollständigen Mangel an Zorn oder Mißmut. Darüber hinaus wird »Geduld« hier als eine geistige Tugend betrachtet, und als solche bedeutet sie das gefühlsmäßige Akzeptieren der unwahrscheinlichen und beängstigenden ontologischen Lehren des *mahāyāna* wie die von der Nichtexistenz aller Dinge, noch ehe man die ganze Tiefe ihrer Bedeutung verstanden hat. Willenskraft bedeutet, daß der *bodhisattva* über alle Zeit hinweg unermüdlich in seinem Tun fortfährt und sich nie entmutigt fühlt. Die Vollkommenheit der Meditation befähigt ihn zu Trancezuständen, »zahlreich wie die Sandkörner des Ganges«. Die Vollkommenheit der Weisheit schließlich ist die Fähigkeit, die wesentlichen Eigenschaften aller Vorgänge und Erscheinungen, ihre wechselseitigen Beziehungen, die Bedingungen, die sie entstehen und vergehen lassen, sowie letztlich die Unwirklichkeit ihrer Einzelexistenz zu verstehen. Auf ihrer höchsten Ebene führt sie geradewegs in die Leere, welche die eine und einzige Realität ist.

3. Ein weiterer charakteristischer Beitrag des *mahāyāna* ist die Unterscheidung von zehn Stufen, die der *bodhisattva* auf seinem Weg zur Buddhaschaft durchlaufen muß. Dieser Aspekt der Lehre erreichte im 3. Jahrhundert n. Chr. seine endgültige Formulierung im »Sūtra über die zehn Stufen«. Die ersten sechs dieser Stufen entsprechen den sechs »Vollkommenheiten«, und auf jeder dieser Stufen übt der *bodhisattva* intensiv eine von ihnen. Die sechste Stufe entspricht folglich der Vollkommenheit der Weisheit und mit ihr ist der *bodhisattva* durch sein Verstehen der Leere der Realität selbst »ansichtig« *(abhimukhī)* geworden. An diesem Punkt wäre er imstande, den Schrecken dieser Welt von »Geburt-und-Tod« zu entfliehen, und könnte, wenn er wollte, ins *nirvāṇa* eintreten. Aus Mitleid macht er jedoch keinen Gebrauch von dieser Möglichkeit, sondern bleibt noch lange Zeit in der Welt, um denen zu helfen, die in ihr leben. Wenngleich noch in der Welt, ist er doch nicht mehr von dieser Welt. Im Verlauf der letzten vier Stufen erwirbt der Buddha das, was die Schriften »Herrschaft über die Welt« nennen, und wird eine Art übernatürliches Wesen, ausgestattet mit mannigfaltigen übernatürlichen Kräften. Die »himmlischen *bodhisattvas*« der letzten vier Stufen unterscheiden sich von den gewöhnlichen *bodhisattvas* der ersten

sechs Stufen dadurch, daß sie sich dazu eigneten, Gegenstände religiöser Verehrung zu werden. Bald wandten sich die Gläubigen immer mehr mythischen *bodhisattvas* jeglicher Art zu wie Avalokiteśvara, Mañjuśrī, Maitreya, Kṣitigarbha, Samantabhadra u. a. Einige dieser *bodhisattvas* zeigen, obgleich sie indischer Herkunft sind, stark nichtindische und vor allem iranische Züge.

Gleichzeitig und teilweise sogar schon vor der Entstehung mythischer *bodhisattvas* entwickelten sich mythische Buddhas, von denen man glaubte, sie bewohnten alle zehn Richtungen des Himmels. Im Osten lebt Akṣobhya, der »Unerschütterliche«. Im Westen ist das Königreich des Amitābha, des Buddha des »Unendlichen Lichts«, der nicht immer klar von Amitāyus unterschieden wird, dem Buddha, der »ein unendliches Leben hat«. Amitāyus entspricht dem persischen Zurvan Akaranak (»Unbegrenzte Zeit«), so wie auch der Kult des Amitābha vieles der persischen Sonnenverehrung verdankt und wahrscheinlich im Kuschan-Reich im Grenzgebiet zwischen Indien und Iran entstanden ist. Es gibt viele andere himmlische Buddhas – im Grunde unendlich viele –, und die meisten haben ein eigenes »Königreich«, eine Welt, die nicht von dieser Welt ist, ein Land, das »rein« ist, weil es frei ist von Befleckungen und widrigen Begegnungen.

4. Als nächstes müssen wir einige Worte über die »Geschicklichkeit bei der Anwendung der Mittel« sagen, eine Tugend, die für einen *bodhisattva* zu allen Zeiten unverzichtbar ist, die er jedoch erst spät auf der siebenten Stufe vollständig besitzt, nachdem ihm die »Vollkommenheit der Weisheit« die Leere von allem, was zu sein scheint, vollkommen offenbart hat. »Geschicklichkeit bei der Anwendung der Mittel« ist die Fähigkeit, die geistigen Möglichkeiten verschiedener Menschen mit Hilfe von Äußerungen oder Handlungen hervortreten zu lassen, die ihren Bedürfnissen und ihrer Aufnahmefähigkeit angepaßt sind. Eigentlich ist alles, was wir bisher als für die Lehre des *mahāyāna*

grundlegend beschrieben haben, lediglich »Geschicklichkeit bei der Anwendung der Mittel« und nichts mehr. Es handelt sich um eine Folge von Fiktionen, die entwickelt wurden, um zur Erlösung der Lebewesen beizutragen. In Wirklichkeit gibt es keine Buddhas, keine *bodhisattvas*, keine Vollkommenheiten und keine Stufen. Dies alles sind nur Erzeugnisse unserer Vorstellungskraft, lediglich Hilfsmittel und Zugeständnisse an die Bedürfnisse des gewöhnlichen Volks, entworfen, um ihnen als Fähre zum Jenseits zu dienen. Alles außer dem Einen, das auch »Leere« oder »Soheit« genannt wird, entbehrt der realen Existenz, und was man auch immer darüber sagen kann, ist letztlich unwahr, falsch und wertlos. Nichtsdestoweniger ist es jedoch nicht nur zulässig, sondern sogar nützlich, es zu sagen, denn die Erlösung der Wesen verlangt es.

5. Bisher haben wir über den Weg zum Jenseits gesprochen. Jetzt kommen wir auf das Jenseits selbst. Weisheitslehren über die Ontologie oder das Wesen der Wirklichkeit bilden das Kernstück der *mahāyāna*-Lehre. Diese Lehren sind äußerst dunkel, unbestimmt und schwer deutbar und widerstehen jedem Versuch, sie zusammenzufassen, weil sie nicht als bestimmte Aussagen über bestimmte Fakten gemeint sind und weil es ausdrücklich heißt, daß sie nichts erklären und nichts Genaues sagen, denn die höchste transzendentale Wirklichkeit, so glaubt man, entzieht sich dem Zugriff des intellektuellen Erkenntnisvermögens und der sprachlichen Ausdrucksmöglichkeit. Wie dem auch sei, die dem *mahāyāna* eigentümlichen ontologischen Lehren entwickelten sich folgerichtig aus der Philosophie der *mahāsanghikas* und in unmittelbarem und bewußtem Gegensatz zu der der *sarvāstivādins*.

Vier Grundthesen sind allen Anhängern des *mahāyāna* gemeinsam:

1. Alle *dharmas* sind »leer« in dem Sinne, daß jeder nichts in und für sich selbst ist. Kein *dharma* ist daher von einem

anderen *dharma* unterscheidbar. Folglich sind alle *dharmas* letztlich nichtexistent und gleich.

2. Diese Leere kann »Soheit« genannt werden, wenn man jedes Ding nimmt, »so wie es ist«, ohne ihm etwas hinzuzufügen oder von ihm wegzunehmen. Es kann nur *eine* Soheit geben, und die mannigfaltige Welt ist ein Werk unserer Einbildung.

3. Wenn alles ein und dasselbe ist, dann ist auch das Absolute mit dem Relativen identisch, das Unbedingte mit dem Bedingten, das *nirvāṇa* mit dem *saṃsāra*.

4. Wahre Erkenntnis muß sich über die Dualität von Subjekt und Objekt oder von Affirmation und Negation erheben.

Diese vier Thesen kommen dem Jenseits nahe, erreichen es aber nicht ganz. Das Allerheiligste der ganzen Leere ist erfüllt mit nichts als Schweigen.

Wir kommen jetzt zum systematisierenden *mahāyāna*, das in zwei philosophische Hauptschulen zerfällt: die *mādhyamikas* und die *yogacārins*. Die *mādhyamika*-Schule wurde von dem Südinder Nāgārjuna (ca. 150 n. Chr.) gegründet, einem der größten Denker, die Indien hervorgebracht hat. Die Schule bestand viele Jahrhunderte lang und entfaltete sich auch kräftig in China und Tibet. Die *mādhyamika*-Philosophie ist in erster Linie eine logische Lehre, die auf einen allumfassenden Skeptizismus abzielt, indem sie zeigt, daß alle Feststellungen gleichermaßen unhaltbar sind. Das trifft auch auf Aussagen über das Absolute zu. Sie sind alle mit Notwendigkeit falsch. Allein das »donnernde Schweigen« des Buddha kann ihm gerecht werden. In soteriologischer Hinsicht muß alles fallengelassen und aufgegeben werden, bis allein die absolute Leere übrigbleibt; erst dann wird die Erlösung gewonnen.

Die Anfänge der *yogācārin*-Lehre lassen sich bereits vage zur Zeit Nāgārjunas erkennen, die Philosophie selbst aber wurde erst im 4. Jahrhundert n. Chr. klar formuliert. Vasubandhu und Asaṅga sind in ihr die wichtigsten Namen. Die moderne historische Forschung vermochte bisher noch nicht, die zahlreichen widersprüchlichen Angaben in ihrer Chronologie, in ihren Schriften und in ihrer Tätigkeit zu ordnen. Die *yogācārins* entwickelten eine vornehmlich psychologische Theorie und glaubten, daß das Absolute zweckmäßigerweise als »Geist«, »Denken« oder »Bewußtsein« beschrieben werden kann. Sie vertraten einen metaphysischen Idealismus, demzufolge das Bewußtsein seine Objekte aus seinen eigenen inneren Möglichkeiten hervorbringt. Der Geist kann jedoch ganz für sich existieren, ohne irgendein Objekt, welcher Art es auch immer sei. In soteriologischer Hinsicht strebten die *yogacārins* danach, einen »Erkenntnisakt« zustande zu bringen, der kein Objekt mehr wahrnimmt. Erlösung ist erreicht, wenn wir in uns einen Denkakt erzeugen können, der »Nur-Gedanke« ist, reines Bewußtsein und ganz jenseits der Trennung von Subjekt und Objekt.

Die beiden Systeme unterschieden sich deutlich in ihren Anliegen und Absichten. Die Polemiken, die sie gelegentlich gegeneinander führten, hatten daher wenig Wirkung und nehmen wenig Raum in ihren Schriften ein. Im ganzen begnügte sich jede Schule damit, ihre eigenen Lehren zu entwickeln, ohne daß sie dabei ihrem Rivalen zuviel Aufmerksamkeit widmete. Den *mādhyamikas* erschien die Lehre der *yogācārins* als eine ziemlich unverständliche Verdrehtheit, während die *yogācārins* die Lehre der *mādhyamikas* als eine Vorstufe ihrer eigenen Lehre betrachteten, der jedoch der wahre und esoterische Kern der Buddha-Lehre fehlte.

Ferner ist die Schule der *yogācārins* beachtenswert, weil sie die Lehre von den *Drei Körpern des Buddha* endgültig formuliert hat. Der Buddha existiert ihr zufolge auf drei verschiedenen Ebenen. Als der *dharma*-Körper ist er das Absolute, Wahrheit und Wirklichkeit selbst. In seinem »einfachen« oder »Genußkörper« *(sambhoga-kāya)* zeigt sich der Buddha *selbst* den himmlischen *bodhisattvas* sowie anderen übermenschlichen Wesen und predigt ihnen in überirdischen Gefilden den *dharma*, indem er Freude, Glückseligkeit und Liebe zu ihm hervorruft. Schließlich gibt es den erdachten oder heraufbeschworenen Körper (*nirmāṇa-kāya*, wörtlich: »Verwandlungskörper«). Er ist es, den die Menschen zu bestimmten Zeiten auf Erden erscheinen sehen. Er ist ein Phantomkörper, vom wahren Buddha ausgeschickt, um sein Werk auf der Welt zu tun. Aus scholastischer Klügelei fügten viele *yogācārins* noch einen vierten Körper hinzu, den Substantiellen Körper (*svābhāvika-kāya*), der die Grundlage der drei anderen ist.

Doch in einem Punkte muß hier zur Vorsicht gemahnt werden. Es wird allgemein behauptet, daß diese Lehre von den drei Körpern zuerst um 300 n. Chr. von den *yogācārins* formuliert worden sei. Im Grunde aber handelt es sich dabei um nichts Neues. Alle drei Körper waren schon Jahrhunderte vorher bekannt. Die Identifizierung eines Aspekts des Buddha mit dem *dharma* geschah in der ersten Periode häufig und ist ein wesentlicher Bestandteil des Buddhismus. Was den zweiten Körper betrifft, so gab es eine alte Überlieferung in bezug auf die »32 Merkmale des Übermenschen« (s. S. 28), die offenbar keine Attribute des allen sichtbaren Körpers waren, sondern einem verklärten Körper anhafteten, der nur für die Augen des Glaubens zu sehen ist und sich nur der Gemeinschaft der Heiligen enthüllt. Obgleich schon lange angenommen worden war, daß es einen solchen »verklärten« Körper gibt, sind alle Hinweise darauf bis um 300 n. Chr. unbestimmt und schwer faßbar. Möglicherweise war die Lehre diesbezüglich vor dem 3. Jahrhundert nicht voll entwickelt. Es könnte jedoch auch sein, daß dies als ein besonders heiliges und daher als ein geheimes Thema betrachtet wurde, das denen, die geistig dazu qualifiziert waren, davon zu hören, nur mündlich erklärt werden konnte, während sich die übrigen mit einigen vagen Hinweisen begnügen mußten. Es ist wahrscheinlich, daß der kontinuierliche Verfall, von dem wir schon gesprochen haben (s. S. 11 f.), von einer zunehmenden Profanisierung der Lehre begleitet wurde. Wie wir gesehen haben (s. S. 19), war es einem Mönch in der alten Zeit sogar verboten, den authentischen Text der *sūtras* Laien vorzutragen. Von Anāthapiṇḍada, einem der größten frühen Wohltäter des Ordens, hören wir, daß ihm erst auf dem Totenbett, nachdem er viele Jahre den Buddha verehrt und den *saṅgha* unterstützt hatte, erlaubt wurde, von Sāriputra eine Predigt über die Unzulänglichkeit der Sinnesobjekte zu hören, weil, wie Sāriputra ihm sagte, solche Themen den Mönchen in der gelben Robe vorbehalten waren und normalerweise nicht den Menschen in weißen Kleidern, das heißt den Laien gelehrt wurden. Später verloren zuerst die *sūtras* ihren geheimen Charakter, und danach wurden nacheinander auch die hinter ihnen verborgenen geheimen Lehren enthüllt. In Wirklichkeit haben die *yogācārins* immer behauptet, daß sie lediglich die »exoterische« Bedeutung erklärten, die ohnehin längst bekannt war, aber niemals alles und jedes herumerzählten.

Wenn dem so ist, dann könnte das, was in der Geschichte des buddhistischen Denkens Neugestaltung zu sein scheint, sehr oft nichts anderes sein als die allmähliche Verschiebung der Grenze zwischen esoterischen und exoterischen Lehren. Am Anfang – sogar bis hin zu Aśoka – war von ein paar moralischen Grundsätzen abgesehen der größte Teil der Lehre esoterisch. Bis zur Zeit des *tantra*, der dritten Periode also, waren sogar die esoterischsten Lehren aufgezeichnet. Dieser Vorgang kann als Kompensation dafür verstanden werden, daß man zugegebenermaßen die angestrebten spirituellen Ziele immer weniger erreichte. Nachdem die Mönche mit ihren Bemühungen um innere Selbstverwirklichung erfolglos geblieben waren, widmeten sie sich nun der nach außen gerichteten Tätigkeit der Verbreitung ihrer Lehren im breiten Volk. Allein aus der Tatsache, daß ein Gedanke erst zu einem späteren Zeitpunkt bezeugt ist, können wir daher nicht zwingend folgern, daß er erst zu diesem Zeitpunkt erdacht worden ist. Es ist ebensogut möglich, daß er zu jener

Zeit das Privileg der Eingeweihten zu sein aufhörte und mehr oder weniger zum Allgemeingut wurde.

2. Hīnayāna-*Entwicklungen in Indien*

Trotz der Ausbreitung des *mahāyāna* behaupteten die alten *hīnayāna*-Schulen ihre Stellung, wenngleich die neue Entwicklung natürlich einen gewissen Einfluß auf sie hatte. Sie machten sich einige *mahāyāna*-Lehren zu eigen, indem sie sie entweder direkt entlehnten oder selbständig entwickelten, weil sie den gleichen Einflüssen wie das *mahāyāna* ausgesetzt waren. Der Begriff eines *bodhisattva* spielt jetzt eine wichtige Rolle in der umfangreichen populären *jātaka*-Literatur, die Geschichten über die früheren Leben des Buddha erzählt. Ursprünglich stammten diese Erzählungen Fabeln, Märchen, Anekdoten usw. aus dem großen Schatz des indischen Volkstums. Diese allgemein bekannten Geschichten wurden dann den buddhistischen Zwecken dienlich gemacht, indem man sie als Begebenheiten in den Leben des historischen Buddha hinstellte. Lange Zeit wurden sie nur erzählt, um die Morallehren des Buddha zu veranschaulichen oder um den Ruhm und die spirituelle Größe des Herrn (Bhagavān) zu zeigen. Erst in einem späteren Stadium wurden sie zu Geschichten über den *bodhisattva* umgeformt. In Zusammenhang mit den *jātakas* wurde eine Gruppe von zehn »Vollkommenheiten« entwickelt, die in Parallele zu den sechs Vollkommenheiten des *mahāyāna* stehen. Mitleid und Barmherzigkeit, in der älteren Literatur eine nebensächliche und untergeordnete Tugend, tritt in diesen Erzählungen von den Taten des *bodhisattva* stärker hervor, wobei der *bodhisattva* immer der Buddha in seinen früheren Leben ist. Ebenso wird jetzt auch die Theorie der »Leere« stärker betont als früher. Die Erkenntnis der Tatsache, daß die Zeiten schlecht und die Tage der *arhats* vorüber sind, verleiht dem Streben nach zweitrangigen

Zielen wie etwa der Wiedergeburt unter den Göttern oder bei Maitreya, dem künftigen Buddha, der jetzt im *tuṣita*-Himmel weilt, ein höheres Ansehen. Im ganzen jedoch werden diese Zugeständnisse recht widerwillig gemacht. Unsere *hīnayāna*-Quellen erwähnen die Anhänger des *mahāyāna* so gut wie nie, weder zustimmend noch ablehnend. Sie standen all diesen Neuerungen irgendwie skeptisch gegenüber, und sie weigerten sich, die Behauptung ernst zu nehmen, daß die vielen neuen *mahāyāna*-Schriften die wirklichen Worte des Buddha wiedergäben. Tatsächlich verwarfen sie diese Werke wie so viele andere »Phantasieprodukte« als ernsthafter Erwägung unwürdig. Das völlige Schweigen aller *hīnayāna*-Gelehrten in bezug auf das *mahāyāna* ist ein beredtes Zeugnis dafür, was sie von all dieser Herrlichkeit hielten.

Vom *mahāyāna* unbeeindruckt fuhren die Anhänger des *hīnayāna* mit der Entwicklung ihrer eigenen Theorie fort, die darin bestand, die logischen Implikationen ihres *abhidharma* herauszuarbeiten. Die Entwicklung und Systematisierung des *abhidharma* nahm die ersten vier Jahrhunderte unserer Zeitrechnung in Anspruch. Danach wurde sie für die beiden wichtigsten Schulen, über die wir überhaupt Genaueres wissen, vervollkommnet, und zwar von Vasubandhu für die *sarvāstivādins* und von Buddhaghosa für die *theravādins*. Um 400 n. Chr. erreichten die *hīnayāna*-Buddhisten die höchste Vollendung, deren sie fähig waren. Danach folgte nichts Bedeutendes mehr, und das indische *hīnayāna* hat uns nur wenige Zeugnisse weiterer geistiger Kreativität hinterlassen, obwohl es noch 800 Jahre fortbestand. Vasubandhu hatte selbst das Gefühl, daß er das Ende einer Epoche erreicht hatte, und er beschließt seinen *Abhidharmakośa* mit den berühmten Worten:

> Die Zeit ist gekommen,
> da von der steigenden Flut der Unwissenheit
> überschwemmt

die Religion des Buddha ihren letzten Atemzug zu tun scheint.

Die Schöpfung des *abhidharma* war eine der größten Leistungen des menschlichen Geistes. Auf S. 29ff. habe ich in etwa den Sinn erklärt, in dem der Begriff *dharma* gebraucht wurde. In der zweiten Periode versuchte man systematisch zu bestimmen, wie viele Arten von *dharmas* oder letzte Elemente der Erfahrung angenommen werden mußten. Die *sarvāstivādins* gelangten zu einer Liste von 75 *dharmas*, während die *theravādins* glaubten, daß 174 erforderlich waren. Der Unterschied zwischen beiden Listen ist weit weniger gravierend, als es den Anschein hat. Die Liste der *theravādins* ist vor allem deshalb soviel länger, weil sie einen Punkt der *sarvāstivādins* (Nr. 14: Denken) in die 89 Arten des Bewußtseins unterteilten. Ansonsten unterscheiden sich die Listen hauptsächlich in ihrem Aufbau, in der Reihenfolge der Aufzählung und in der Terminologie sowie in einer Reihe unwichtiger Einzelheiten, die hier aufzuführen zu mühselig wäre. Die wesentlichen Faktoren waren schon entwickelt, als die beiden Schulen noch vereinigt waren, und nur die letzten Feinheiten wurden in einer späteren Zeit hinzugefügt.
Man kann das erstaunlich weite Gebiet der *abhidharma*-Studien abschätzen, wenn man die Themen betrachtet, die Vasubandhu in seinem *Abhidharmakośa* behandelt. Dieses Werk untergliedert sich in acht Kapitel, welche die Elemente, die Kräfte und Fähigkeiten, die Kosmologie – das heißt Ursprung, Aufbau und Zerstörung des Universums – das *karman,* die Leidenschaften, die verschiedenen Arten von Heiligen und die Wege zur Erlösung behandeln. Es schließt mit einem Überblick über religiöse Erkenntnis und meditative Fähigkeiten. Ein Anhang ist zudem der Widerlegung der Auffassung derjenigen Buddhisten und Nicht-Buddhisten gewidmet, die die Existenz eines Selbst postulieren. Die Widerlegung und Ausrottung aller derartigen

Auffassungen waren Vasubandhus Hauptziel bei der Abfassung seines Werkes.
Der abschließenden Synthese waren zahlreiche lange und ausführliche Debatten vorausgegangen, von denen uns einige Zeugnisse überliefert sind, welche die *sarvāstivādins* betreffen. Im ersten Jahrhundert unserer Zeitrechnung legten sie ihren Kanon fest, um 100 n. Chr. entsteht die *Vibhāṣā*, ein Kommentar zum *abhidharma*, und um 200 n. Chr. die umfangreiche *Mahāvibhāṣā*, ein Kommentar zum *Jñānaprasthāna*, der von 500 *arhats* von Kaschmir verfaßt wurde und der orthodoxesten Schule der *sarvāstivādins* den Namen *vaibhāṣika* gibt. Das Wort *vibhāṣā* kann mit »Entscheidungsfreiheit« übersetzt werden, und die eben genannten Werke heißen so, weil sie die unterschiedlichen Auffassungen der führenden Lehrer der Schule sorgfältig aufzeichnen, so daß der Leser jene auswählen kann, die ihm am glaubhaftesten erscheinen. Die Hauptgegner der *vaibhāṣikas* waren die *sautrāntikas*, die nicht glaubten, daß die sieben grundlegenden *abhidharma*-Texte von dem Buddha gepredigt worden waren, sondern allein die sich verstreut in den *sūtras* findenden Äußerungen über den *abhidharma* als die einzig zuverlässige Textgrundlage zu diesem Thema betrachteten. Die Lehren der *sautrāntikas* sind oft einfacher und dem rationalen Denken einsichtiger als die der *sarvāstivādins*. Die Auseinandersetzungen zwischen beiden Schulen wurden über solche Probleme geführt wie die Frage, ob Selbstbewußtheit oder unmittelbare Wahrnehmung von Objekten möglich ist. Oder man diskutierte, in welchem Sinne äußere Gegenstände wirklich existieren oder was das ist, was »sieht« (die Augen oder das Bewußtsein oder der Verstand), oder ob Vernichtung eine Ursache hat bzw. von selbst aus der wahren Natur der Dinge heraus geschieht. Vasubandhu machte der Auffassung der *sautrāntikas* viele Zugeständnisse, und sein Werk wurde aus diesem Grunde von den orthodoxen *vaibhāṣikas* angegriffen. Er fand einen fähigen und einflußreichen Gegner in Saṅghabhadra, der den *abhi-*

dharma vom traditionellen Standpunkt aus kritisch kommentierte. Dennoch wurde dieses Werk immer mehr als das letzte Wort zu diesem Thema anerkannt, und zahlreiche Kommentare bezeugen seine ungebrochene Popularität in späteren Jahrhunderten.

Die schöpferische Wirksamkeit des *hīnayāna* beschränkte sich jedoch nicht allein auf den *abhidharma*. So wurden beispielsweise die Geburtstagsgeschichten und Erbauungslegenden ständig ergänzt. Das Leben und die Persönlichkeit des Buddha zogen die Aufmerksamkeit der Gläubigen auf sich. Aśvaghoṣa (um 100 n. Chr.), ein hervorragender Dichter, bediente sich der Stilmittel der indischen Sanskritdichtkunst, um mit seinem *Buddhacarita* das Leben des Buddha im Volk bekannt zu machen. Dabei ließ er viel Hindu-Gelehrsamkeit einfließen. Sein Werk ist von tiefer Gläubigkeit geprägt, aber es gibt keinen Grund für die Annahme, Aśvaghoṣa sei Anhänger des *mahāyāna* gewesen – sofern man dem Wort eine klare Bedeutung beimißt –, seine Auffassungen stehen denen der *mahāsaṅghikas* näher als irgendeiner anderen uns bekannten Schule. Aśvaghoṣa hat auch Dramen geschrieben, die seit seiner Zeit ein bevorzugtes Mittel blieben, um im Volk buddhistische Gesinnung zu verbreiten. In Birma und Tibet sind einige der längeren *jātakas* wie die berühmte Geschichte von Vessantara, der alles verschenkte, was er besaß, noch immer volkstümlicher Stoff für dramatische Darstellungen. Im 5. Jahrhundert n. Chr. wurde in Ceylon eine Biographie des Buddha in Gestalt einer Einführung zu den Pāli-*jātakas* kompiliert, die damit beginnt, wie er sich am Anfang vor Äonen von Jahren dazu entschloß, die Buddhaschaft zu erlangen, und bis zum Beginn seines Lehrens reicht. Wir besitzen auch den »Hymnus in 150 Versen« des Mātṛceṭa (um 150 n. Chr.), der »des Buddhas große und vollkommene Tugenden« preist und den alle Mönche lernen mußten. Frömmigkeit und nicht Weisheit war der Zweck dieser Art Literatur.

3. *Nepal und Kaschmir*

In Nepal, so scheint es, gibt es den Buddhismus schon sehr lange, vermutlich seit den Anfängen dieser Religion, doch weiß man nur wenig über die Zeit vor dem 7. Jahrhundert n. Chr. Aller Wahrscheinlichkeit nach unterschied sich der nepalesische Buddhismus nicht wesentlich von dem Nordindiens. In der legendären Geschichte des Svayambhūpurāṇa wird dem Mañjuśrī eine wichtige Rolle zugeschrieben, der von China nach Svayambhū gekommen war, den großen See verschwinden ließ, der bis dahin das Tal gefüllt hatte, die Stadt Kathmandu gründete und König Dharmīkara als Herrscher einsetzte, den er aus Mahā-Cīna mitgebracht hatte. Der Buddha selbst wurde in Lumbinī in Nepal geboren, und von Aśoka weiß man, daß er seine Geburtsstätte besucht hat, wo er eine Säule mit Inschrift aufstellte.

Obwohl der Buddhismus in Kaschmir wahrscheinlich schon vor Aśoka bekannt war, wurde sein Einfluß so richtig spürbar erst im Laufe seiner Regierungszeit, als Kaschmir einen Teil seines Reiches bildete. Der Mönch Madhyāntika wurde entsandt, um das Land zu bekehren. Aśoka soll 500 Klöster für die *arhats* gebaut und sogar das ganze Kaschmirtal dem Orden geschenkt haben. Danach wechselte das Schicksal des Buddhismus je nach Einstellung der Herrscher.

Unter Kaniṣka soll ein Konzil stattgefunden haben, auf dem der Kanon der *sarvāstivādins* festgelegt wurde. Seit dieser Zeit wurden die Schriften der *sarvāstivādins* normalerweise in Sanskrit verfaßt, und allein diese Tatsache mußte die relative Bedeutung der brahmanischen Konvertiten erhöhen, da nur sie mit den Schwierigkeiten dieser Sprache voll vertraut waren. Nach der Zeit der Kuschan-Könige setzte eine hinduistische Gegenbewegung ein: Unter König Kinnara wurden viele Klöster zerstört, die Herrscher waren nun meist Śivaiten, und die königliche Unterstützung wurde daher zurückgezogen. Während der hier behandelten Periode erwarb sich Kaschmir ein hohes Ansehen als Zentrum buddhistischer Gelehrsamkeit, und es heißt, daß sich fast alle großen buddhistischen Gelehrten zwischen Aśvaghoṣa und Asaṅga irgendwann einmal dort aufgehalten haben. Um 250 n. Chr. schrieb Harivarman seine *Satyasiddhi*, eine interessante Synthese der Auffassungen des *mahāyāna* und *hīnayāna*. Kaschmirische Mönche gingen nach Khotan, China und Andhra (Südindien), und es war der kaschmirische Mönch Guṇavarman, der Java zu Beginn des 5. Jahrhunderts n. Chr. zum Buddhismus bekehrte.

4. *Ceylon (Sri Lanka)*

Zu Beginn der zweiten Periode fand eine höchst bedeutsame Debatte statt über die Frage, ob Gelehrsamkeit wichtiger sei oder Praxis. Die *dhammakathikas*, die eher auf die Gelehrsamkeit Gewicht legten als auf die praktische Durchführung, trugen den Sieg davon, was zur Folge hatte, daß der gesamte Charakter des ceylonesischen Buddhismus sich änderte. Den gelehrten Mönchen wurde tiefe Verehrung entgegengebracht, und infolgedessen widmeten sich alle fähigen und intelligenten Mönche der Buchgelehrsamkeit. Ausschließlich mit Meditationsübungen beschäftigten sich in der Regel ältere Mönche von geringem Denkvermögen und schwächlicher Konstitution. Die Buchgelehrsamkeit umfaßte bald nicht nur das Tipiṭaka, sondern auch Sprachen, Grammatik, Geschichte, Logik, Medizin usw. Die buddhistischen Klöster wurden Zentren der Gelehrsamkeit und Kultur, und man machte sie auch künstlerisch anziehend. Im 1. Jahrhundert v. Chr. hatte Saddhātissa, der Bruder des Königs, die Mönche aufgefordert, wenigstens einen heiligen Mann zu nennen, der der ihm dargebotenen Verehrung würdig war. Die singhalesischen Kommentare umgekehrt nehmen an, daß die Insel damals voll war von *arahants* und daß viele Mönche danach noch lange Zeit ein streng diszipliniertes und enthaltsames religiöses Leben führten. Wie wir von den chinesischen Pilgern Fa Xian und Xuanzang wissen, genoß Ceylon in anderen buddhistischen Ländern ein hohes Ansehen.

Während des 5. Jahrhunderts n. Chr. übersetzen drei Gelehrte – Buddhadatta, Buddhaghosa und Dhammapāla – aus Südindien die alten singhalesischen Kommentare ins Pāli. Alle drei waren keine Ceylonesen. Buddhaghosa, der berühmteste von ihnen, gab in seinem »Weg zur Reinheit« (Visuddhimagga) eine hervorragende Übersicht über die buddhistische Lehre. Das Buch ist eine Zusammenfassung des Tipiṭaka und eines der großen Meisterwerke der buddhistischen Literatur, das die wichtigsten Meditationspraktiken des buddhistischen Yogin in allen Einzelheiten auf autoritative und klare Weise beschreibt. Gegen Ende des 5. Jahrhunderts n. Chr. revidierte zudem ein Konzil den Text des Tipiṭaka. Seit dieser Zeit ist die Lehre und Überlieferung der *theravādins* endgültig festgelegt. Und um 400 n. Chr. waren die *suttas* zum ersten Mal aus dem Pāli ins Singhalesische übersetzt worden.

Zur Erhaltung seiner Vitalität blieb der ceylonesische Buddhismus weiterhin von seinem Kontakt zu Indien abhängig, doch hatte sich das Wesen dieses Kontaktes in der zweiten Periode gewandelt. Die Verbindungen mit den Häfen der indischen Westküste wurden aufgegeben, und die Kommunikation erfolgte jetzt über die Häfen an der Mündung des Ganges. Auf diese Weise machte sich der Einfluß der Mönche von Magadha und namentlich der der *mūlasarvāstivādins* bemerkbar.

Während dieser Periode gab es viel Zwietracht und Zank zwischen den beiden Hauptklöstern, dem *mahāvihāra* und dem 24 v. Chr. gegründeten *abhayagirivihāra*. Die *abhayagirivihāra*-Mönche nahmen den Laien gegenüber eine demokratischere Haltung ein, pflegten mehr Kontakt mit Indien, hatten liberale Ansichten, begrüßten neue Ideen aus dem Ausland und waren fortschrittlicher als die konservativen

mahāvihāra-Mönche. Bald nach der Gründung ihres Ordens hatten sie *vatsīputrīya*-Mönche aus Indien empfangen. Später ergänzten sie den *theravāda* durch einen Überbau aus Lehren und Schriften des *mahāyāna.*
Am Ende des 3. Jahrhunderts n. Chr. hören wir von einer neuen Schule unter ihnen, dem *vaitulyavāda.* Hierbei handelte es sich wahrscheinlich um eine Erscheinungsform des *mahāyāna.* Im 4. Jahrhundert n. Chr. gewann dann ein »in der Geisterbeschwörung erfahrener« indischer Vertreter des *mahāyāna* namens Saṅghamitra die Unterstützung des Königs, und das *mahāvihāra*-Kloster wurde für einige Zeit geschlossen. Saṅghamitra wurde jedoch bald darauf von einem Zimmermann getötet, und nach 362 n. Chr. nahm das *mahāvihāra*-Kloster seine Tätigkeit wieder auf. 371 n. Chr. wurde der linke Eckzahn des Buddha aus Dantapura in Kalinga nach Ceylon gebracht, und die kostbare Reliquie wurde dem *abhayagirivihāra* anvertraut, der seiner *mahāyāna*-Tendenzen wegen eher bereit war, bhaktische Frömmigkeit zu fördern. Zu Beginn des 5. Jahrhunderts zählte Fa Xian 60000 Mönche in Ceylon, von denen 5000 zum *abhayagirivihāra* und 3000 zum *mahāvihāra* gehörten. Die ceylonesische Orthodoxie hat mit Erfolg die gesamte Literatur der *abhayagirivādins* unterdrückt, eine ihrer Schriften aber ist in einer chinesischen Übersetzung erhalten. Es handelt sich um den *Vimuttimagga* des Upatissa, der dasselbe zum Thema hat wie Buddhaghosas »Weg zur Reinheit«, aber vor ihm geschrieben wurde. Merkwürdigerweise weicht dieser Text in keinem wesentlichen Punkt von den *theravādin*-Lehren ab.

5. *Ausbreitung ins Innere Asiens*

Ganze fünf Jahrhunderte mußten vergehen, ehe der Buddhismus den indischen Subkontinent durchdrungen hatte – etwa so lange wie Rom brauchte, um die italienische

Halbinsel zu erobern. Jetzt, etwa 500 Jahre nach dem *nirvāṇa* des Buddha, konnte seine Religion damit beginnen, sich ins Innere Asiens hinein auszubreiten. Gandhāra im Nordwesten des indischen Subkontinents war die Geburtsstätte des Buddhismus als einer Weltreligion. Von hier aus war es, daß die Mönche mit der Safranrobe allmählich nach Zentralasien vordrangen und von dort nach China und darüber hinaus. Und es war hauptsächlich der *mahāyāna*-Buddhismus, der außerhalb Indiens Wurzeln schlug.
Zunächst müssen wir erklären, warum die Vertreter des *mahāyāna* als Missionare um so vieles erfolgreicher waren als die des *hīnayāna*. Nicht daß es letzteren an missionarischem Eifer gemangelt hätte, aber sie waren dadurch benachteiligt, daß sie ziemlich unflexible Pedanten waren, wohingegen das *mahāyāna* weit größere Freiheit bei der Auslegung des Wortlauts der Schriften verlangte, und dies sowohl in bezug auf die monastische Disziplin wie auf Lehrsätze. So blieben beispielsweise bei strenger Auslegung der Regeln über den Fleischgenuß nomadische Völker ohne die Tröstungen des *dharma,* da sie die *vinaya*-Regeln nicht streng befolgen können. *Mahāyāna*-Mönche fanden schnell einen Weg, impraktikable Regeln zu umgehen, und reinterpretierten sie entsprechend den jeweiligen Umständen. Besonders wichtig für den Erfolg ihrer missionarischen Unternehmungen war ihre Einstellung zu der *vinaya*-Bestimmung, die den Mönchen ärztliche Tätigkeiten verbietet. Die Geschichte der christlichen Missionen in den letzten Jahrhunderten zeigt, daß – von gewaltsamen Bekehrungen einmal abgesehen – Missionsärzte mehr Konversionen bewirkten als irgend jemand sonst. War das Schwert die einzige Methode, die anzuwenden die Buddhisten für unter ihrer Würde hielten, so öffneten das Skalpell, Heilkräuter und Arzneien den Missionaren des *mahāyāna* die Häuser von Arm und Reich. Sie machten sich selbst glauben, daß Mitleid und ihr Verantwortungsgefühl den Mitmenschen gegenüber mehr zählte als eine gutgemeinte Mönchsregel, und widme-

ten sich mit Eifer dem Studium und der Praxis der Medizin, die beispielsweise an der Hochschule von Nālandā, aber auch in den Klöstern Tibets einen festen Bestandteil des Lehrplans bildete.

Dieselbe Toleranz übte man auch in bezug auf dogmatische Fragen. Man verwandte viel Mühe darauf, die Unterschiede zwischen buddhistischen und nichtbuddhistischen Auffassungen auf ein Minimum zu reduzieren und soviel wie möglich von den früheren Anschauungen derer zu übernehmen, die sie bekehrt hatten, waren es nun Daoisten, Anhänger der Bon-Religion, Shintoisten, Manichäer oder Schamanen. Eine solch tolerante Haltung läuft natürlich Gefahr, in moralische Lässigkeit und dogmatische Willkür abzugleiten. Der letzteren Gefahr entging man im ganzen erfolgreicher als der ersteren, und die besten Werke der *mahāyāna*-Literatur enthalten wenig, wenn überhaupt etwas, das irgendeinem aufrichtigen Buddhisten als wirklich unorthodox erscheinen könnte. Es gab jedoch einen Faktor, der ihre »Geschicklichkeit bei der Anwendung der Mittel« begrenzte und einschränkte, und das war die Tatsache, daß ihr Denken, bevor sie ihre Bücher schrieben, durch viele Jahre der Meditation nach traditionellen Methoden umgeformt und diszipliniert worden war.

China war das erste große Land, das vom buddhistischen Denken durchdrungen wurde. Wie später in Japan und Tibet durchlief der Buddhismus fünf Stadien, die uns bei der Ordnung unseres Stoffes als Orientierungshilfe dienen können:

1. Zuerst gab es eine Zeit der Konsolidierung, die durch die Übersetzung der grundlegenden Texte gekennzeichnet ist.
2. Ihr folgte ein erster Versuch, mit dem Material zurechtzukommen. Der Buddhismus drang nicht in ein geistiges Vakuum ein, sondern traf überall auf Menschen, die von irgendeiner früheren Tradition geprägt worden waren – in China vom Daoismus und Konfuzianismus, in Japan vom Shintoismus und in Tibet von der Bon-Religion.

3. Das nächste, das dritte Stadium ist durch eine geistige reifere Assimilierung der Lehre charakterisiert, wenngleich noch immer weitgehend in Abhängigkeit von indischen Vorbildern. In China beispielsweise geschah dies entweder in Gestalt zahlreicher, meist kurzer Kommentare oder aber in Form theoretischer Originalabhandlungen, die als Übersetzungen aus dem Sanskrit ausgegeben wurden. Zwei von ihnen sind sehr bekannt: das eine ist das berühmte, fälschlicherweise Aśvaghoṣa zugeschriebene »Erwachen des Glaubens«, das andere das sogenannte *śūraṅgama-sūtra*, das angeblich aus Nālandā stammt, in Wirklichkeit aber von Fang Jong in China geschrieben wurde.

4. Wir kommen jetzt zur vierten, der vermutlich wichtigsten Phase, die nach ungefähr 600 Jahren erreicht wurde und in der sich ein wahrhaft chinesischer, japanischer und tibetischer Buddhismus durchsetzte, der nicht länger der nationalen Eigenart Gewalt antat: in China mit der *chan*-Sekte, in Japan in der Kamakura-Zeit, in Tibet mit den Sekten der *bKa'-rgyud-pas* und *dGe-lugs-pas.*

5. Schließlich kommt das Stadium des Verfalls. – Die erste Phase war, wie wir sahen, eine Zeit der bloßen Nachahmung; in der zweiten behauptete man seine Unabhängigkeit etwas eigensinnig wie ein Kind in seinem zweiten Lebensjahr; in der dritten erlangte man in gewisser Weise wahre Unabhängigkeit, ohne jedoch – einem Jugendlichen gleich – uneingeschränkt davon Gebrauch zu machen; in der vierten Phase hat sich der eigene Charakter voll zur Geltung gebracht. Das Kind ist erwachsen geworden. Das schöpferische Erwachsenenalter des Buddhismus dauerte mehrere Jahrhunderte. Der Zeit der Reife folgt das Alter, und nach einiger Zeit schwanden die schöpferischen Kräfte des Buddhismus.

Von den indogriechischen baktrischen Reichen seinen Ausgang nehmend war der Buddhismus im 2. Jahrhundert v. Chr. in Zentralasien fest verwurzelt. Khotan, Kutscha, Turfan usw. waren damals dank der Karawanenstraßen, an denen sie lagen, blühende Kulturzentren. Der Umstand, daß der Buddhismus entlang den großen Seidenstraßen Fuß faßte, war für seine künftige Ausbreitung im östlichen Asien

Ausbreitung des Buddhismus

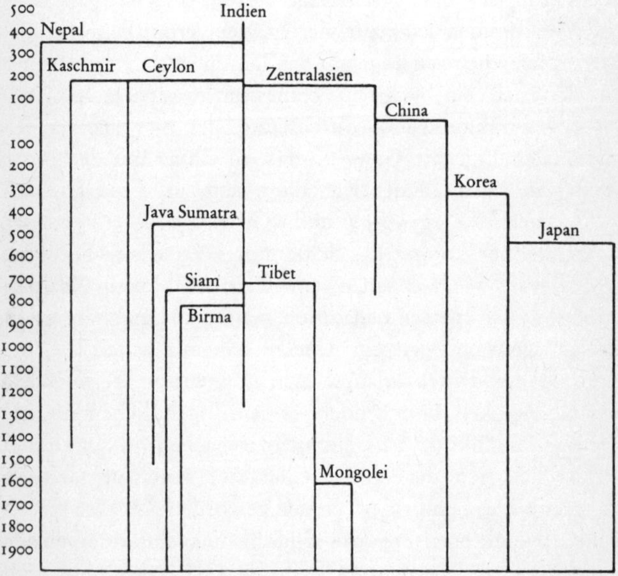

ein Ereignis von entscheidender Bedeutung. Von den Schulen waren der *sarvāstivāda* und das *mahāyāna* am stärksten vertreten. Sie brachten ihre heiligen Schriften mit. Im Laufe des 20. Jahrhunderts haben europäische Reisende im Wüstensand von Ostturkestan zahlreiche Funde von unschätzbarem Wert gemacht, darunter sowohl indische, nach Zentralasien exportierte Bücher wie auch Übersetzungen der heiligen Schriften in die Sprache der jeweiligen Gegend wie Sogdisch, Khotanesisch, Kutschanisch usw. Wir besitzen zwar mehrere, in Kutscha auf Kutschanisch verfaßte Werke, welche die buddhistische Sanskritliteratur Indiens nachahmen, wirkliche Originalwerke lokalen Ursprungs sind uns jedoch keine überliefert. Darüber hinaus haben diese Expeditionen zwischen 1900 und 1915 eine höchst eklektische buddhistische Kunst ans Licht gebracht, die eine merkwürdige Mischung graeco-buddhistischer Einflüsse aus Gandhāra mit solchen aus dem Römischen Reich sowie arsako-sassanidischer und chinesischer Kunst zeigt. Durch sie gelangte die graeco-buddhistische Kunst nach China, wo sie zur Kunst der Wei des 5. Jahrhunderts n. Chr. führte. In den kosmopolitischen Zentren des Handels zwischen den Erdteilen war der Buddhismus neuen religiösen Einflüssen ausgesetzt, denen er bisher nicht begegnet war. Er traf nicht nur auf das Christentum in seiner nestorianischen Gestalt, sondern auch auf die Manichäer, die in diesem Gebiet – besonders unter den Sogdiern – sehr aktiv waren und in den buddhistischen Lehren, die sich hier entwickelten, einige Spuren hinterlassen haben.

7. *China*

Von Zentralasien gelangte der Buddhismus nach China, das dieses Gebiet im 1. Jahrhundert v. Chr. erobert und bis Ende der Han-Dynastie (220 n. Chr.) gehalten hatte. Die Anfänge des chinesischen Buddhismus sollen bis auf die Zeit zwischen 70 und 50 v. Chr. zurückgehen, und die Religion breitete sich langsam unter der Han-Dynastie aus. Zuerst war der Buddhismus jedoch nur eine fremde Religion nichtchinesischer Volksgruppen in den abgelegenen Grenzgebieten Chinas. 148 n. Chr. kam ein Parther namens An

Shigao, und 170 n. Chr. kamen der Inder Zhu Shuofo und Zhi Chan aus Yue-ji (Land der Skythen) aus Zentralasien nach China und gründeten in Luoyang, der Hauptstadt der Han, ein Kloster. Erst in der Periode der Zerrissenheit (221-589), die auf den Zusammenbruch der Han folgte, wurde der Buddhismus in China selbst wirklich zu einer größeren Kraft. Erst 355 n. Chr. erhielten Chinesen zum ersten Mal die Erlaubnis, Mönche zu werden, zumindest im Reich der Herrscher der Östlichen Jin. Im 2. Jahrhundert n. Chr. haben Fremde aus Zentralasien – Parther, Sogdier, Inder – einige Übersetzungen gemacht. Im 3. und 4. Jahrhundert gewann der Buddhismus im Volk und am Hofe an Bedeutung, und einige Kaiser begünstigten ihn deutlich. Bis 400 n. Chr. waren 1300 Werke übersetzt worden. Dann kam Kumārajīva. Seine mit Hilfe chinesischer Gelehrter gemachten Übersetzungen waren Standardwerke, die noch heute gelesen werden. Bis 500 n. Chr. war der Buddhismus in ganz China fest verwurzelt und stand mit zahllosen Klöstern, Tempeln und reliefgeschmückten Felsenhöhlen für die Mönche in hoher Blüte.

Das war ein bemerkenswerter Erfolg für eine Religion, die die Gefühle der chinesischen Bürokratie in vielen Punkten verletzte, denn sie schien gleichgültig gegenüber dem Fortbestehen der Familie zu sein, zeigte wenig Loyalität gegenüber dem Land und schien grundlosen Aberglauben zu fördern. Die buddhistische Geistlichkeit lehnte es mit der Begründung, daß sie sich von der Welt zurückgezogen habe, ab, dem Sohn des Himmels und seinen Vertretern in den gesellschaftlich anerkannten Formen den äußeren Respekt zu bezeugen. Tatsächlich neigte die buddhistische Religionsgemeinschaft während ihrer ganzen Geschichte dazu, sich zu einem Staat im Staate zu entwickeln. Ihre Gegner warfen ihr vor, sie genössen die Vorteile der Herrschaft des Himmelssohnes, ohne eine Gegenleistung dafür zu erbringen. Die Buddhisten behaupteten, daß es, wenn überhaupt jemand, im Gegenteil der Mönch sei, der sich freigebig zeige, denn

der Gesamtheit der Gesellschaft erwüchse durch seine Übung des Buddha-Weges unermeßlicher Nutzen. In der Tat seien die Wohltaten, die der Sohn des Himmels spende, nur ein Tropfen Wasser im Vergleich mit den Liebesgaben, die der ganzen Menschheit durch den buddhistischen Klerus zuteil werden. Der Staat indessen bestand immer darauf, die buddhistische Religionsgemeinschaft durch das Ritenministerium zu kontrollieren, und achtete darauf, daß die Mönche einigermaßen ihrem Anspruch gerecht wurden, sich zum Wohle des Volkes aufzuopfern.
Die traditionalistischen Gegner betonen zudem den fremden Ursprung des Buddhismus, der doch aus »Ländern von Barbaren« gekommen sei. Auch erschien ihnen die Lehre von der Wiedergeburt ziemlich unwahrscheinlich, da sie glaubten, daß, wenn ein Mensch stirbt, auch seine Seele zugrunde geht. Das Problem des Lebens nach dem Tode erregte damals ein lebhaftes Interesse. In ihrer Problematik neigten die chinesischen Buddhisten dazu, von der orthodoxen Leugnung einer individuellen Seele abzugehen und eine Art dauerhaftes »geistiges Etwas von feinstem Stoff« als gegeben anzunehmen, das von Existenz zu Existenz wandert. Sie zitierten entweder Laozi oder den Gelben Kaiser, die gesagt haben sollen, daß »der Körper Vernichtung erleidet, die Seele aber keine Veränderung erfährt«. In ihrer Unwandelbarkeit wird sie von den Wandlungen getragen und erfährt so endlose Verwandlungen. Das aber befand sich nicht wirklich in Übereinstimmung mit dem, wie der Buddhismus bis dahin verstanden worden war.
Die Ursache für den Erfolg des Buddhismus lag natürlich weitgehend darin, daß er eine Botschaft enthielt, die die einheimischen Lehrer nicht bieten konnten, denn, wie Sengyou es im 5. Jahrhundert formulierte: »Keiner von ihnen hat den Himmelsraum ausgemessen, in den Geist des Weisen geblickt.« Sowohl die herrschenden Klassen wie auch das Volk unterstützten die neue Religion. Die Kaiser

zählten gerne so viele friedliebende Buddhisten wie möglich unter ihren Untertanen, hatte doch die chinesische Gesellschaft die allgemeine Wehrpflicht nie gekannt und den Frieden immer sehr hochgeschätzt. Die herrschenden Schichten der Gesellschaft fanden die buddhistischen Priester botmäßiger als ihre daoistischen Rivalen, die ununterbrochen Aufstände in der Bauernschaft anstifteten und deren Tempel von den Spenden ihrer Angehörigen unterhalten wurden. Die Buddhisten dagegen waren auf die Schenkungen wohlhabender Laien angewiesen, und man konnte sich daher darauf verlassen, daß sie keine unerwünschten eigenen politischen Pläne verfolgten. Die Massen schließlich fühlten sich vom *bodhisattva*-Ideal angezogen, das selbst denen auf den unteren Stufen der sozialen Pyramide die großartigsten Möglichkeiten eröffnete. Das buddhistische Pantheon mit gnädigen Gottheiten wie Guanyin und anderen bot Ermutigung und Trost, und von der Unterstützung Buddhas und des Ordens erwartete man Belohnungen in einem Leben nach dem Tod. Daß man dadurch Yama, den Gott der Unterwelt, beeinflussen könne, war ein in China weitverbreiteter Glaube. Einige buddhistische Priester wie Buddha Mātaṅga (3. Jh. n. Chr.) taten Wunder, weissagten und heilten Krankheiten durch Zaubersprüche.

Die Entwicklung des buddhistischen Denkens in China war weitgehend bestimmt durch die Auswahl der heiligen Schriften, die ins Chinesische übersetzt wurden. Zu den wichtigsten und einflußreichsten Texten gehörten die *sūtras* über die *prajñāpāramitā*. Es heißt, die Denkweise der Chinesen sei rationalistisch, positivistisch, nüchtern und antimetaphysisch. Daß dies jedoch nur eine Seite des Volkscharakters sein kann, zeigt die Begeisterung, mit der seit der Han-Zeit die höchst metaphysische *prajñāpāramitā*-Literatur aufgenommen wurde. Diese äußerst abstrakten Schriften über die vollkommene Weisheit und Leere wurden in China mit nicht geringerem Eifer studiert als die Bibel im protestantischen Europa. Andere Werke, die große Popularität errangen und oft zur Keimzelle selbständiger Schulen wurden, waren der *Lotos des Guten Gesetzes* (hiervon gab es Übersetzungen seit 250 n. Chr.), der die Chinesen durch die Pracht seiner Landschaft und durch seine Parabeln anzog, die Geschichte von *Vimalakīrti* (Übersetzungen seit 188 n. Chr.), die durch das edle Bild eines »weißgekleideten« Laien faszinierte, der die Leiden der Welt auf sich nahm, und das nirvāṇa-sūtra (übersetzt 423 n. Chr.), das in seiner Lehre von der Buddha-Natur in einem jeden von uns von Interesse schien. Zwischen 200 und 450 n. Chr. entwickelte sich ein starkes Interesse an den praktischen Einzelheiten buddhistischer Meditation, so daß in dieser Zeit viele Handbücher übersetzt wurden.

Der Aufstieg des Buddhismus fiel zeitlich mit der Erneuerung des Daoismus zusammen, und viele Chinesen betonten die Ähnlichkeit in den Auffassungen dieser beiden geistigen Strömungen. Wenige zweifelten, daß die Wahrheit, wie sie Buddha und die Weisen Chinas – allen voran Laozi und Zhuangzi – verstanden hatten, ein und dieselbe war. Bis zum 5. Jahrhundert hielten viele Daoisten den Buddhismus für eine weitere Methode, daoistische Ziele zu erreichen. Im 3. Jahrhundert n. Chr. schrieb Wang Fo ein berühmtes Pamphlet, in dem er den Buddhismus als das Ergebnis »der Bekehrung der Barbaren durch Laozi« darstellte.

Oft bediente man sich zur Erklärung buddhistischer Begriffe bewußt daoistischer Terminologie. Jedenfalls hatten viele der chinesischen Entsprechungen von Sanskrit-Fachausdrücken zuerst eine daoistische Bedeutung gehabt, die ihren Gebrauch bis zu einem gewissen Grade auch im buddhistischen Kontext bestimmte. Ein Wort wie *dao,* mit dem man gewöhnlich *mārga* (Sanskr. »Weg«) übersetzte, schloß zwangsläufig viele daoistische Nebenbedeutungen und Assoziationen ein, die in den Sanskritschriften Indiens weder vorgesehen noch beabsichtigt waren. *Shouyi,* die chinesische Entsprechung für das Pāli-Wort *satipatthāna,* wurde oft mit dem daoistischen *shouyi* gleichgesetzt, das soviel wie »Bewahrung der Lebensflamme« bedeutet. Oder Sanskrit *nairātmya*, übersetzt mit »Nichtvorhandensein von *shen* (Körper)« wurde leicht als Existenz ohne einen Körper oder in einem Geist-Körper mißverstanden, und »Leere« wurde mit chinesisch *ben-wu* gleichgesetzt, der »Ursprünglichen Nichtexistenz« des Laozi, dem »Bis-zum-Rand-gefüllten-Leeren«, das wie ein Mutterleib alles Leben in sich trägt. Für einen repräsentativen Denker wie Huiyuan ist der *dharmakāya (dharma*-Körper) gleichbedeutend mit dem Höchsten Wesen, der personifizierten Natur, dem Weisen oder Großen Menschen der Neo-Daoisten, dem Buddha, dem Geist in der Mitte des Seins sowie der Weltseele. Buddhistische Gedanken wurden frei gedeutet, indem man Sätze von Laozi, Zhuangzi und aus dem »Buch der Wandlungen« heranzog. Gewöhnlich las man die daoistische Weltsicht in das buddhistische System hinein. Weniger ausgeprägt war der Einfluß des Konfuzianismus. Gleichwohl ist er in der Übersetzung der *sūtras* erkennbar. Während dieser Periode verwandte man große Sorgfalt darauf, alle Äußerungen oder Wendungen abzuändern, die das konfuzianische Sittlichkeitsempfinden bezüglich der Familienethik, des Verhältnisses zwischen den Geschlechtern und der Haltung gegenüber sozial Höherstehenden verletzen konnte.

Das Hauptproblem, das die chinesischen Buddhisten während dieser Periode beschäftigte, stammte aus der daoistischen Tradition und betraf das Verhältnis von Sein *(you)* und Nichtsein *(wu)*, das sie später mit der »Leere« *(śūnyatā)* der Sanskritschriften gleichsetzten. Die Debatte über dieses Problem führte zur Entstehung der *Sieben Schulen.* Eine von ihnen, Dao'ans (312-385) Schule des Ursprünglichen Nichtseins, lehrte, daß »Nichtsein den Myriaden von Entwicklungsweisen vorausgeht und im Anfang der vielfältigen Formen der körperlichen Dinge Leere ist«. Die Varianten dieser Theorie zählten als die zweite Schule. Die dritte konzentrierte sich auf das Problem der Leere der Materie. Die vierte lehrte »das Nichtsein des Geistes«, welches bedeutet, »daß der Weise nicht nachdenkt über die 10 000 Dinge, was jedoch nicht heißt, daß diese Dinge selbst überhaupt nicht existierten«. Das führt zu der Forderung, daß wir die »innerliche Tätigkeit des Geistes einstellen und ihn nicht durch Äußeres behindern lassen sollten«, wie der chinesische Buddhismus nicht müde wird zu wiederholen. Die fünfte, die »Schule der bewahrten Eindrücke«, behauptet, daß alle Phänomene Erscheinungen eines Traumes sind, hervorgerufen durch Bewußtsein und Denken, und zusammen mit ihrer Ursache vergehen werden, wenn wir aus diesem Traum erwachen. »Dann wird erkannt werden, daß die dreifache Welt leer ist und daß es, obwohl der Geist ausgelöscht ist, nichts gibt, was er nicht hervorbringen kann.« Die sechste, die »Schule der Täuschung der Sinne durch die Erscheinungen«, lehrte, daß »alle *dharmas* gleichermaßen unwirklich sind und daher das ausmachen, was zur gewöhnlichen Wahrheit gehört. Das Wesen *(shen)* des Geistes aber ist wirklich und nicht leer und gehört daher zur höchsten Wahrheit. Denn wäre dieses Wesen gleichermaßen leer, wem könnte dann die buddhistische Lehre vermittelt werden und wen gäbe es dann, der ihrem Weg folgen, der Welt entsagen und ein Weiser werden könnte? Daher wissen wir, daß das Wesen des Geistes nicht leer ist.« Die siebte, die »Schule der ursächlichen Verknüpfung«, behauptete schließlich, daß das Sein oder die weltliche Wahrheit aus der Verknüpfung von Ursachen hervorgeht und daß deren Trennung zum Nichtsein führt, welches die höchste Wahrheit ist.

Um 400 n. Chr. festigte Kumārajīvas (344-413) Gelehrtentätigkeit den Buddhismus und verlieh ihm höheres Ansehen. Kumārajīva stammte aus Kutscha, wo er im Jahr 344 geboren wurde. Sein Vater war Inder. Als Kriegsbeute 384 nach China mitgenommen, lebte er 15 Jahre in Liangzhou in Gansu. 402 wurde er in die Hauptstadt Chang'an gebracht, wo er goushi, das heißt Leiter des religiösen Unterrichts wurde und 413 starb. Er gewann die Gunst des Kaisers Yao

Xing und übersetzte mehr als 100 Werke. Ursprünglich war er *sarvāstivādin*-Mönch gewesen, später jedoch – noch zu der Zeit, als er in Kutscha lebte – hatte er sich zur Lehre des Nāgārjuna bekehrt.

Seine beiden bedeutendsten Schüler waren Sengzhao (384-414) und Zhu Daosheng (ca. 360-434). Sengzhaos Schriften, die unter dem Titel »Buch des Zhao« gesammelt wurden, sind eine interessante Verbindung von Buddhismus und Neo-Daoismus. Damals war man der Auffassung, daß die grundlegenden Gegensätze innerhalb des buddhistischen Denkens denen des Neo-Daoismus entsprächen. Der Gegensatz zwischen dem Absoluten *(bhūtatathatā)* und der zeitlichen Abfolge von Entstehen und Stillstand schien dem zwischen Nichtsein *(wu)* und Sein *(you)*, der Gegensatz zwischen Dauer und Nichtdauer dem zwischen Ruhe *(jing)* und Bewegung *(dong)* sowie der zwischen *nirvāṇa* und *saṃsāra* dem zwischen Nichthandeln *(wu wei)* und Handeln *(you wei)* zu entsprechen. Sengzhao behandelte die buddhistische Philosophie des *mahāyāna* auf der Grundlage dieser Gleichsetzungen, und seine Untersuchungen sind das erste klar ausgeführte, echt chinesische philosophische System des Buddhismus, das uns erhalten ist.

Daosheng läßt eines der Leitmotive des chinesischen Buddhismus anklingen, wenn er sagt: »Seitdem die heiligen Schriften nach Osten (das heißt nach China) gebracht wurden, sind ihre Übersetzer immer wieder auf Hindernisse gestoßen, und viele sind nicht weitergekommen, da sie sich zu eng an den Text hielten, was zur Folge hatte, daß nur wenige in der Lage waren, den ganzen Sinn zu erkennen. Sie sollten das Netz vergessen und die Fische fangen. Erst dann kann man mit ihnen über den Weg *(dao)* zu sprechen beginnen.« Eines der Probleme, das damals die chinesischen Buddhisten bewegte, war das des Schicksals der *icchantikas*. Gibt es irgendwelche *icchantikas* genannte Wesen – die Etymologie dieses Wortes ist unbekannt –, die für immer von der Buddhaschaft ausgeschlossen sind? Daosheng behauptete im Gegensatz zu den meisten anderen Gelehrten, daß auch die *icchantikas* die Buddha-Natur besäßen und daher die Buddhaschaft erreichen könnten. Noch im Laufe seines Lebens erreichte ein vollständiger Text des *Großen nirvāṇa-sūtra* China und bestätigte seine Auffassungen. Daosheng lehrte auch, daß »Buddhaschaft durch plötzliche Erleuchtung erlangt« werde. Seinen Zeitgenossen erschien diese Theorie als eine »neue Lehre«. Die Leugnung allmählicher Erleuchtung blieb eines der besonderen Merkmale des chinesischen Buddhismus. Bereits im 5. Jahrhundert n. Chr. macht Lu Zheng (425-494), ein Beamten-Gelehrter, für diesen Unterschied ausdrücklich die andersartige Volksmentalität verantwortlich. »Das chinesische Volk vermag die Wahrheit intuitiv zu erfassen oder sie ›widerzuspiegeln‹, aber es hat Schwierigkeiten, gelehrtes Wissen zu erwerben. Deshalb wehren sie sich zwar gegen die Anhäufung von Wissen, sind jedoch offen für die Vorstellung von einem Letzten und Höchsten. Die Hindus dagegen haben eine Begabung zur Gelehrsamkeit, aber Schwierigkeiten, die Wahrheit intuitiv zu erfassen. Daher verschließen sie sich dem Gedanken des plötzlichen Begreifens, sind jedoch offen für stufenweise Erleuchtung.« Tatsächlich hatten die indischen Buddhisten zwischen »stufenweiser« und »plötzlicher« Erleuchtung unterschieden, letztere jedoch als Endstufe der ersteren betrachtet. Niemand hatte daran gedacht, für die eine oder andere Seite Partei zu ergreifen. Daosheng argumentiert nun folgendermaßen: Da die absolute Leere des *nirvāṇa* absolut und ganz verschieden von allen bedingten Dingen ist, muß auch die Erleuchtung, die sie widerspiegelt, gänzlich verschieden sein von allen geistigen Stadien, die auf andere Dinge gerichtet sind. Folglich kann Erleuchtung, wenn sie überhaupt erlangt werden kann, nur total erlangt werden und nicht allmählich oder stückweise. Viele Vorbereitungsstufen müssen natürlich dem endgültigen Erkenntnisblitz vorausgehen, aber diese sollte man als »Lernprozeß« verstehen. Sie bleiben innerhalb der phänomenalen

Existenz und sind nicht Teil der eigentlichen Erleuchtungserfahrung selbst. Denn »wenn die *eine* Erleuchtung kommt, werden zugleich die Myriaden von Hindernissen überwunden«. Die letzte Vision ist die völlige Auslöschung aller Bindungen, die endgültige Befreiung von ihnen, denn »was wahr ist, das ist von Dauer; was vorübergeht, das ist Schein«. Seit Daosheng ist über dieses Thema in China unentwegt diskutiert worden, und die Theoretiker teilten sich in Anhänger der »stufenweisen« bzw. der »plötzlichen« Erleuchtung.

Soviel zur Metaphysik. Der Volksglaube seinerseits war mit der Wiedergeburt im Paradies beschäftigt. Die drei wichtigsten Paradiesvorstellungen jener Zeit waren die vom Paradies des Buddha Akṣobhya im Osten, vom Paradies des Amitābha im Westen und vom künftigen Paradies des Maitreya auf Erden. Der Kult des Akṣobhya ist für die Han-Zeit bezeugt. Die Gläubigen wurden angehalten, ihm darin nachzueifern, niemals Wut oder Zorn auf irgendein Wesen zu empfinden, um in Abhirati wiedergeboren werden zu können, in seinem Reich, das auf einem Stern fern im Osten liegt. Im Laufe der Zeit jedoch wurde der Amitābha-Kult populärer. Wie es heißt, wurde er um 150 n. Chr. zunächst durch Übersetzungen und Predigten des asarkidischen Prinzen An Shigao um 150 n. Chr. bekannt. Am Ende des 4. Jahrhunderts n. Chr. machte der ehemalige Daoist Huiyuan (334-416), der sich selbst nach seiner Bekehrung zum Buddhismus noch Zhuangzis Schriften zur Erklärung seines neuen Glaubens bediente, das Lufeng-Kloster in Hubei zum Mittelpunkt des Kultes. 402 n. Chr. schlossen sich 124 Personen zu einer Gruppe zusammen, um dafür zu beten, in Amitābhas Paradies wiedergeboren zu werden. Diese Gruppe wurde später die »Bruderschaft des Weißen Lotos« genannt und war der Vorläufer der späteren *jingtu*-Bewegung. Wie die anderen chinesischen Schulen wurde die eigentliche *jingtu*-Schule (Schule des »Reinen Landes«) aber erst nach 500 n. Chr. gegründet. Akṣobhya und Amitābha sind kosmische Buddhas, die nur das *mahāyāna* kennt. Maitreya hingegen, den zukünftigen Buddha, der auf Erden erscheinen soll, kennen die Anhänger sowohl des *mahāyāna* wie des *hīnayāna*. *Sūtras*, die den Glanz der Erde zum Zeitpunkt seines Kommens beschreiben, wurden zu dieser unserer zweiten Periode ins Chinesische übersetzt, doch ist Maitreyas größte Popularität in China zwischen 400 und 500 n. Chr. anzusetzen. Sein Kult scheint die *yogācārin*-Schule in hohem Maße beeinflußt zu haben.

III. KAPITEL
DIE DRITTE PERIODE: 500-1000 N. CHR.

1. *Indien*

Das wichtigste Ereignis in Indien in dieser dritten Periode ist die Entstehung des *tantra.* Außerdem wird einiges über die Synthese des *mahāyāna*-Denkens unter der Pāla-Dynastie, die Entwicklung der *Logik* und die Taten der *hīnayāna*-Anhänger zu sagen sein.

Das *tantra* ist die dritte – und letzte – schöpferische Leistung des indisch-buddhistischen Denkens. Es durchlief etwa drei Phasen. Die erste Phase kann man das *mantrayāna* nennen. Es begann im 4. Jahrhundert n. Chr. und gewann nach 500 n. Chr. an Bedeutung. Es bereicherte den Buddhismus um die Mittel der magischen Tradition, indem es sich ihrer bediente, um die Suche nach Erleuchtung zu erleichtern. Auf diese Weise wurden mehr oder weniger unsystematisch viele *mantras, mudrās, maṇḍalas* und neue Gottheiten in den Buddhismus eingeführt. Dem folgte nach 750 eine Systematisierung, das sogenannte *vajrayāna* (Diamantfahrzeug), die alle früheren Lehren mit einer Gruppe von Fünf Tathāgatas in Einklang brachte. Im Laufe der Zeit entstanden weitere Strömungen und Systeme. Hervorzuheben ist dabei vor allem das *sahajayāna,* das ähnlich wie die chinesische *chan*-Schule besonderen Wert auf Meditationspraktiken legte sowie auf Übungen, die zu plötzlicher Erkenntnis führen sollten. Rätsel, Paradoxe und konkrete Bilder waren die Hilfsmittel dieser Lehre, die unfruchtbaren Scholastizismus vermied, indem sie nicht an starren Lehrsätzen festhielt. Gegen Ende unserer Periode, im 10. Jahrhundert, haben wir das *kālacakra,* das »Zeitrad«. Es ist gekennzeichnet durch ein hohes Maß an Synkretismus und durch seine Betonung der Astrologie.

Das *tantra* entstand im Süden und Nordwesten Indiens.

Nichtindische Einflüsse aus China, Zentralasien und aus den an Indien grenzenden Gebieten trugen wesentlich zu seiner Ausformung bei. Auch von innerindischen Eingeborenenstämmen hat es viele Vorstellungen absorbiert. Das *tantra* war bestrebt, allen Geistern, Kobolden, Feen, Unholden, Dämonen, Ungeheuern und Gespenstern, die in der Phantasie des Volkes spukten, eine ehrenvolle, wenn auch untergeordnete Rolle zuzuweisen. Das gleiche galt für die Zauberpraktiken, die allen nomadischen und Ackerbau treibenden Völkern viel bedeuten. Dieser weitere Schritt in Richtung auf die Popularisierung der Religion hatte zum Ziel, ihr eine festere Grundlage in der Gesellschaft zu geben. Soweit es jedoch die Elite betraf, gab es den wichtigen Unterschied, daß Nichtbuddhisten sich der Magie zur Machtgewinnung bedienen, während die Buddhisten sich mit ihrer Hilfe von den ihrem eigenen wahren Wesen fremden Kräften befreien wollen.

Bei seiner Definition des Zieles und des Idealtypus des Menschen wie auch mit seiner Lehrmethode ist das *tantra* vom frühen *mahāyāna* ausgegangen. Das Ziel ist noch immer die Buddhaschaft, wenngleich nicht länger in einer fernen Zukunft, in Äonen und Aberäonen von heute, sondern jetzt, »in diesem Körper«, »während eines einzigen Gedankens«, wie durch ein Wunder erlangt mittels eines neuen, schnellen und leichten Weges. Der ideale Heilige ist jetzt der *siddha*, der Zauberer, der jedoch eine gewisse Ähnlichkeit hat mit einem *bodhisattva* nach der achten Stufe (s. S. 55 f.), nachdem seine wunderwirkenden Kräfte voll entwickelt sind.

Was die Lehrmethode betrifft, so hatte das *mahāyāna* seine Theorien in *sūtras* und *śāstras* festgelegt. Dies waren öffentliche Dokumente, jedermann zugänglich, der genügend Interesse hatte, sie sich zu beschaffen, und intelligent genug war, sie zu verstehen. An ihrer Stelle wurden nun neue umfangreiche kanonische *tantra*-Schriften verfaßt, Geheimdokumente, bestimmt nur für wenige Auserwählte, die eigens durch einen *guru*, einen Lehrer, eingeweiht worden waren. Diese *tantras* sind in einer bewußt geheimnisvollen und vieldeutigen Sprache abgefaßt, so daß sie ohne die mündlichen Erklärungen eines in ihre Geheimnisse genau eingeweihten Lehrers bedeutungslos sind. Das Geheimnis ist gut bewahrt worden, und obgleich noch Tausende von *tantras* erhalten sind, haben moderne Gelehrte selten einen Schlüssel zu ihrer Bedeutung. Das liegt zum Teil daran, daß sie, hypnotisiert von den »wissenschaftlichen« Voraussetzungen ihres eigenen Zeitalters, wenig Einfühlungsvermögen in magische Denkweisen haben. Die allgemeinen Grundsätze der tantrischen Lehre können mit einiger Sicherheit erschlossen werden, die konkreten Einzelheiten jedoch, welche unlösbar mit tatsächlichen Yoga-Übungen verknüpft sind und die wahre Botschaft ausmachen, entziehen sich unserem Zugriff. Anders als die Anhänger des frühen *mahāyāna* (s. S. 55) bringen die Verfasser der *tantras* ihre Schriften nicht mehr mit dem Buddha Śākyamuni in Verbindung, sondern schreiben sie offen einem mythischen Buddha zu, von dem es heißt, er habe sie in ferner Vergangenheit gepredigt.

Die Grundlagen für diese neue literarische Tradition waren schon in der *yogācāra*-Schule gelegt worden. Diese Schule systematisierte die im Verlaufe einer extrem introvertierten ekstatischen Meditation gewonnenen Erfahrungen, und ihre Yogins waren überzeugt, daß die Visionen, die sie im Trancezustand hatten, um vieles wirklicher waren als sogenannte »Fakten« wie Zeitpunkte und Örtlichkeiten oder Personen und deren Namen und Lebensläufe. Infolgedessen sagen sie uns, daß bestimmte Werke der Inspiration – beispielsweise durch Maitreya – zu verdanken seien, und vergessen den persönlichen Namen des menschlichen Autors zu erwähnen, der die Eingebung niederschrieb. Aus diesem Grunde bereiten diese Texte der modernen Geschichtsforschung große Schwierigkeiten, obwohl sie uns ihrer eigenen Meinung nach alles sagen, was wesentlich und notwendig ist. Die *yogācārins* hatten auch lange Zeit ein starkes Interesse an verhüllteren Formen der Wissensübermittlung. Der *Mahāyānasaṃgraha* des Asaṅga enthält eine klare Klassifizierung der zulässigen Wege, auf denen »verborgene Bedeutungen« weitergegeben werden dürfen, indem man etwas anderes sagt, als man wirklich meint. Tatsächlich war es der *yogācāra*-Zweig des *mahāyāna*, von dem die tantrischen Vorstellungen und Praktiken ausgegangen sind.

Die neue Strömung mußte das monastische System schwächen. Indem sie die Bildung kleiner Gruppen von Jüngern förderte, die ihrem *guru* gegenüber zu vollständiger Unterwerfung verpflichtet waren, begünstigte sie den Zerfall des *saṅgha* in kleine, selbstüberhebliche Gruppen von Yogins, von denen viele glaubten, sie seien spirituell so hoch entwickelt, daß sie der Beschränkung durch die monastischen Regeln nicht länger bedürften, während andere durch ihr unkonventionelles Verhalten mit Vorliebe das behütete Leben der gewöhnlichen Mönche verächtlich machten.

Die Entwicklung des *mantrayāna* war ursprünglich eine natürliche Gegenreaktion auf die immer ungünstigere geschichtliche Entwicklung, die den indischen Buddhismus zu ersticken drohte. Seine Anhänger mobilisierten zu ihrer Verteidigung und zu ihrem Schutz in zunehmendem Maße magische und okkulte Kräfte und riefen immer mehr mythologische Wesen zu Hilfe, deren tatsächliches Vorhandensein sich ihnen in den Übungen ekstatischer Meditation bezeugt hatte. Unter ihnen widmet man große Aufmerksamkeit den »zornigen« Gottheiten wie den »Beschützern des *dharma*«, die auch *vidyārājas* genannt werden, was soviel heißt wie »Könige des heiligen Wissens«, und die von Natur aus wohlmeinend sind, jedoch ein schreckliches Aussehen annehmen, um die Gläubigen zu schützen. Es ist auch interessant festzustellen, daß die Buddhisten jener Zeit in ihrem Streben nach Sicherheit mehr und mehr weiblichen Gottheiten vertrauten. Schon um 400 n. Chr. waren Tārā und

Prajñāpāramitā als himmlische *bodhisattvas* angebetet worden. Zu ihnen kamen bald die »Fünf Beschützerinnen« mit Mahāmāyurī, dem »Großen Pfauenweibchen«, an ihrer Spitze. Später enthüllten jene, die sich in fortgeschrittener mystischer Meditation übten, ein ganzes Pantheon weiblicher Gottheiten wie Cundā, Vasudharā, Uṣṇīṣavijayā, Vajravārāhī, Buddhalocanā und anderen. Die Praktiker der magischen Künste verehrten besonders die »Königinnen des heiligen Wissens« und die Ḍākinīs, »luftwandelnde« Feen. Die Bevölkerung insgesamt wurde ermutigt, sich bei ihren eigenen Angelegenheiten von besonderer Bedeutung an Göttinnen zu wenden, die Kinder schenkten, vor den Pocken schützten usw. Nach 700 stellte das sogenannte »linkshändige« *tantra* den Buddhas und *bodhisattvas* Gemahlinnen zur Seite. Diese wurden *vidyās* oder *prajñās* genannt, was in seiner wörtlichen Bedeutung den *sophias* und *ennoias* der Gnostiker entspricht. Oft war die Verehrung der *vidyās* von einem anscheinend erotischen Ritual begleitet, und dieser Aspekt des *tantra* hat die unerfahreneren europäischen Forscher arg verwirrt. An dieser Stelle bedarf es dazu keiner weiteren Ausführungen, da uns die tatsächlichen Umstände dieses Rituals völlig unbekannt sind.

Der Glaube an das Okkulte, an Magie und Wunder, war zu allen Zeiten ein integraler Bestandteil des Buddhismus, obschon es sich hierbei mehr um die Anerkennung einer feststehenden Tatsache als um eine Angelegenheit von praktischer Dringlichkeit handelte. Als jedoch die geistige Kraft des *dharma* dahinschwand und man fühlte, daß die geschichtliche Entwicklung immer ungünstiger verlief, vertraute man zunehmend auf die Magie, um Gefahren abzuwehren und Hilfe zu erlangen. Nach 300 n. Chr. werden allmählich alle Arten von *mantras* vereinzelt in die heiligen Schriften eingeführt. Diese *mantras* wurden auch *dhāraṇīs* genannt – aus der Sanskrit-Wurzel *dhṛ*, »halten« –, weil sie das religiöse Leben »erhalten« oder »stärken« sollten. Nach

500 suchte man dann Zuflucht bei all den herkömmlichen magischen Verfahren, bei Ritualen sowohl wie bei magischen Kreisen und Diagrammen. Man bediente sich ihrer, sowohl um das spirituelle Leben der Elite zu beherrschen wie auch um der ungeistigen Masse das zu geben, wonach sie verlangte. Rituelle Gesten *(mudrās)* verstärkten oft die Wirksamkeit der Zauberformeln.

Außerdem gibt es auch noch die *maṇḍalas,* deren harmonische Schönheit noch immer unser ästhetisches Empfinden berührt. Magische Kreise, die einen heiligen, rituell reinen Ort abgrenzen, sind natürlich so alt wie die Magie und gehen weit in prähistorische Zeiten zurück. Die besondere buddhistische Anordnung der *maṇḍalas* scheint sich jedoch in Zentralasien entwickelt zu haben. Sie verdankt viel dem Vorbild der chinesischen TLV-Spiegel der Han-Dynastie (so genannt nach den T-, L- und V-förmigen Zeichen auf der Rückseite der Spiegel – Anm. d. Übers.). Das *maṇḍala* zeigt in mythologischer oder personifizierter Gestalt kosmische und spirituelle Kräfte, indem es sie durch Erscheinungsformen von Gottheiten darstellt, die entweder in ihrer sichtbaren Gestalt gezeigt oder durch die Silbe offenbart werden, mit deren Hilfe wir sie beschwören können und die ihr okkultes Prinzip ausmacht. Diese Symbole erlauben, wenn man sie richtig deutet, tiefverborgenen Ängsten, Urtrieben und archaischen Leidenschaften Ausdruck zu verleihen. Durch sie können wir die Kräfte des Universums fesseln, beherrschen und auflösen, Abscheu vor all den Täuschungen der Welt des *saṃsāra* und die Wiedervereinigung mit dem Licht des *einen* absoluten Geistes erreichen. *Maṇḍalas* sind eine spezielle Form der uralten kosmischen Diagramme, wobei der Kosmos als ein lebendiger Prozeß gedacht wird, der sich aus *einem* absoluten Prinzip entwickelt und um *eine* Mittelachse rotiert, den Meru-Berg, die *axis mundi.* Solche Diagramme wurden nicht nur durch *maṇḍalas* wiedergegeben, sondern auch durch Ritualgefäße, königliche Paläste, *stūpas* und Tempel. Infolge der Gleichwertigkeit von Makrokosmos und Mikrokosmos wiederholt sich das Drama des Universums in jedem Einzelwesen, dessen Geist wie dessen Körper als ein *maṇḍala* betrachtet werden kann, als Schauplatz der Suche nach Erleuchtung. Die Deutung und die Anlage von *maṇḍalas* sowie die Beschwörung von Gottheiten wurden natürlich durch strikte Regeln und genau festgelegte rituelle Vorschriften bestimmt.

Der kreative Ausbruch des frühen *tantra* führte zu einem vollständigen Durcheinander von Mutmaßungen über kosmische und geistige Kräfte. Erst das *vajrayāna*, das Diamantfahrzeug, brachte Ordnung in die unausgereifte Vielfalt der Überlieferungen, die sich herausgebildet hatten. Es nahm eine Einteilung aller kosmischen Kräfte in fünf Klassen an, wobei gewissermaßen über eine jede von ihnen einer der Fünf Tathāgatas herrschte. Die Namen der Fünf Tathāgatas sind Vairocana, Akṣobhya, Ratnasambhava, Amitābha und Amoghasiddhi. Ein kompliziertes und höchst verwickeltes System magischer Entsprechungen, Identifizierungen, Verwandlungen und Umgestaltungen verbindet schließlich alle Kräfte und Gegebenheiten des Universums mit diesen fünf »Familien«. Insbesondere der menschliche Körper wird als ein Mikrokosmos betrachtet, der das ganze Universum verkörpert und das Medium zur Erkenntnis der Wahrheit ist, und zwar weitgehend mit Hilfe von Methoden, die einen Teil dessen bilden, was heutzutage in Indien als *haṭhayoga* bekannt ist. Wir erfahren viel über Übereinstimmungen zwischen dem Sichtbaren, Hörbaren und Fühlbaren, und alles dient dazu, Kräfte des Verstandes, der Rede und des Körpers zum Zweck der Verwirklichung des höchsten Zustandes, der Erleuchtung, zu vereinen. Das *vajrayāna* ist treffend definiert worden als »die Kunst zu leben, die es uns ermöglicht, jede Tätigkeit des Körpers, der Rede und des Verstandes als eine Hilfe auf dem Weg zur Befreiung zu benutzen«. In dieser Hinsicht ist das *vajrayāna* der zeitgenössischen *chan*-Schule erstaunlich verwandt. Der wahre Sinn der *vajrayāna*-Lehren ist jedoch nicht immer leicht zu ermitteln, weil es bei ihnen üblich geworden ist, das Höchste in die Gestalt des Niedrigsten zu hüllen, dem Heiligsten den Anschein des Gewöhnlichsten zu geben, dem Jenseitigsten den des Irdischsten, und das vernünftigste Wissen ist durch groteske Paradoxa verborgen. Es handelt sich dabei um eine bewußte Schocktherapie, die sich gegen die Überintellektualisierung des Buddhismus jener Zeit richtete. Vor allem die ausschweifende sexuelle Bildersprache sollte die mönchische Prüderie schockieren. Erleuchtung, das Ergebnis einer Verbindung von Weisheit und Geschicklichkeit bei der Anwendung der Mittel, wird durch die Vereinigung des Weiblichen und Männlichen in der Ekstase der Liebe dargestellt. Ihr Einswerden in der Erleuchtung ist das höchste, unbeschreibbare Glück *(mahāsukha)*.

Die weitere Entwicklung des Buddhismus in Nordindien wurde weitgehend von den Zufälligkeiten königlicher Gunst bestimmt. Im 7. Jahrhundert förderte König Harṣavardhana – ähnlich wie der bedeutendere Aśoka vor ihm – den Buddhismus. Dabei bevorzugte er anfangs die Schule der *sammitīyas* und dann – möglicherweise als Folge des Besuches von Xuanzang (630-644) – das *mahāyāna*, obwohl seine eigene Religion der Śivaismus gewesen sein mag. Es war indessen die Pāla-Dynastie von Bengalen (750-1150), die durch ihre Förderung der großen buddhistischen Universitäten die Geschichte des Buddhismus für die nächsten Jahrhunderte bestimmte. Vom 6. bis zum 9. Jahrhundert war Nālandā der Mittelpunkt des geistigen Lebens der gesamten buddhistischen Welt gewesen. Unter der Pāla-Dynastie wurden im östlichen Indien neue Zentren gegründet, von denen Vikramaśīla und Odantapurī besondere Bedeutung zukam. Zusammen mit Jagaddala und Somarūpa waren dies die Brennpunkte, von denen die buddhistische Kultur vom 9. bis zum 12. Jahrhundert über ganz Asien ausstrahlte.

Der chinesische Pilger Yijing, der Nālandā um 700 n. Chr.

besucht hat, sagte von den dortigen Sekten, daß »sie unter sich bleiben, nicht miteinander streiten«. In der Tat wurde der offizielle Buddhismus dieser Periode zu einer Mischung aus *prajñāpāramitā*-Anschauungen und dem *tantra*. Hohe Ehren erwies König Dharmapāla (ca. 770-810) unmittelbar nach seiner Thronbesteigung dem Lehrer Haribhadra, einer führenden Autorität auf dem Gebiet der *prajñāpāramitā* und des *abhisamayālaṅkāra*, ohne jedoch dabei die Interpreten des *guhyasamāja*, eines berühmten tantrischen Textes, zu vernachlässigen. Die Mönche dieser Universitäten verbanden Metaphysik und Magie fast wie Gerbert von Aurillac und Albertus Magnus in unserem Mittelalter. Worum es ihnen ging, wird durch das, was der tibetische Historiker Tāranātha über einen von ihnen berichtet, zutreffend charakterisiert: »Indem er beständig ins Antlitz der heiligen Tārā schaute, löste er alle seine Zweifel. Er gründete acht religiöse Schulen für die *prajñāpāramitā*, vier für die Erklärung des *guhyasamāja*, je eine für jede der drei Arten des *tantra* sowie zahlreiche andere mit Bestimmungen in bezug auf die Lehre der *mādhyamika*-Logik. Er zauberte große Mengen an Lebenselixier hervor und verteilte es an andere, so daß Leute, die 150 Jahre oder gar älter waren, wieder jung wurden.« Diese Synthese des *mahāyāna*-Denkens, die unter der Pāla-Dynastie zustande kam, hat eine erstaunliche Lebenskraft bewiesen, denn obwohl sie von den Muslimen in Bengalen zerstört wurde, breitete sie sich bis Java und Nepal aus und war in Tibet bis in die jüngste Vergangenheit lebendig.

Wie beim *tantra* übertrafen die Buddhisten die Hindus auch in der Entwicklung der Logik. Im indischen Mittelalter hingen das soziale Ansehen wie auch das Einkommen religiöser Gruppen bis zu einem gewissen Grad davon ab, wie sie sich in religiösen Disputationen zu behaupten wußten. Solche Streitgespräche waren zu jener Zeit ähnlich beliebt wie im europäischen Mittelalter Turniere. Die Kenntnis der Regeln, durch die gültige von ungültigen

Schlüssen unterschieden werden können, war dabei von entschiedenem Vorteil. Ganz so wie die Streitgespräche der griechischen Sophisten die logischen Systeme der sokratischen Schulen hervorbrachten, so führten die Dispute religiöser Sekten in Indien zur Formulierung logischer und erkenntnistheoretischer Lehren unter den Buddhisten. Diese neue Richtung geht auf Nāgārjuna zurück, der erste Buddhist jedoch, der ein klares Logiksystem lehren sollte, war Diṅnāga (ca. 450 n. Chr.), ein Schüler des Asaṅga. Er führte bei den Buddhisten auch die systematischen erkenntnistheoretischen Untersuchungen ein, indem er die Quellen der Erkenntnis, die Gültigkeit von Wahrnehmung und Schlußfolgerung sowie den Gegenstand der Erkenntnis und die Realität der Außenwelt behandelte. Im Laufe dieser dritten Periode gelangten diese logischen Studien mit Dharmakīrti (ca. 600-650) und Dharmottara (ca. 850) zu großer Reife. Diese Denker beschäftigten sich mit vielen der Probleme, die die moderne europäische Philosophie beschäftigt haben, wie das Problem des Solipsismus und die Existenz anderer geistiger Wesen. Dieses Interesse bleibt bis zum Ende des Buddhismus in Indien lebendig und wurde von hier nach Tibet und in geringerem Maße nach China und Japan weitergetragen. Die logischen Untersuchungen der *yogācārins* ergaben sich ganz von selbst aus einigen der Fragen, die sich die *vaibhāṣikas* (s. S. 65) gestellt hatten. Sie hielten das buddhistische philosophische Denken auf der Höhe der Zeit, und oft war es dadurch sogar seiner Zeit voraus.

In Indien selbst scheinen die Anhänger des *mahāyāna* zahlenmäßig immer eine Minderheit geblieben zu sein. Im Jahr 640 n. Chr. beispielsweise zählte Xuanzang 250 000 Mönche, von denen nur 70 000 bis 100 000 zum *mahāyāna* gehörten. Es muß daher eindeutig als ungerecht erscheinen, daß ich nichts finden kann, was über die Anhänger des *hīnayāna* zu sagen wäre, und daß alle Aufmerksamkeit ihren Rivalen vom *mahāyāna* zuteil wird. Dieses Ungleichgewicht liegt vielleicht an einem perspektivischen Mangel, der die meisten historischen Arbeiten beeinflußt. Die Tradition, welche von Dauer ist, wird, wie sehr sie auch den Ruhm verdienen mag, als selbstverständlich hingenommen und kommentarlos weitergegeben. Im Mittelpunkt des Interesses stehen immer die jungen Triebe. Als methodisches Korrektiv ist es manchmal gut, sich daran zu erinnern, daß zu allen Zeiten die Mehrheit der Buddhisten rechtschaffene Leute waren, die ganz einfach den alten Bräuchen folgten und über die es nichts Neues zu berichten gab – gerade so wie es bei tugendhaften Frauen der Fall sein soll.

2. *Nepal und Kaschmir*

Der Buddhismus *Nepals* gedieh weiter als Ableger des nordindischen, und Patan wurde zu einer getreuen Nachbildung einer der Pāla-Universitäten. Zwischen dem 7. und 9. Jahrhundert entwickelten sich enge Bindungen mit Tibet, und viele Tibeter kamen nach Nepal, um Kenntnisse über den indischen Buddhismus zu erwerben. In Nepal war es, wo Śāntarakṣita dem Padmasambhava begegnet ist, als er ihm die Einladung des Königs von Tibet überbrachte.
Am Anfang dieser Periode erlitt der Mönchsorden von *Kaschmir* einen ernsten Rückschlag durch die Invasion der Hunnen, die unter Mihirakula (ca. 515) das Land verwüsteten und die Mönche verfolgten. Nach ihrem Abzug verbot der buddhistische Herrscher Meghavāhana alles Schlachten von Tieren, wobei er Fleischer und Fischer für die entstehenden Verluste entschädigte. Dieser König errichtete viele religiöse Bauwerke, und auch seine Nachfolger förderten weiterhin die buddhistische Religionsgemeinschaft. Der chinesische Pilger Xuanzang blieb zwei Jahre in Kaschmir. Er fand etwa 5000 Mönche vor, stellte aber fest: »Gegenwärtig ist dieses Königreich nicht sehr dem Glauben ergeben.« Eine neue Blütezeit begann im 7. und 8. Jahrhundert mit den Herrschern der Karkoṭa-Dynastie. Der Glaube kam zu

neuem Leben, wenn auch in einer Weise, die ihn den Hindu-Kulten annäherte, wie es sich bei Sarvajñamitra und seinen Hymnen zum Preis der Tārā zeigt. Zauberei und Wundertaten verbreiteten sich, und die Mönche übten sich darin, Regen zu machen oder ihn aufhören zu lassen, über die Ufer getretene Flüsse einzudämmen usw. Die Ausbreitung des Tantrismus und der Devotionalismus brachten den Buddhismus dem Śivaismus näher, der sich seinerseits im 9. und 10. Jahrhundert durch Vasugupta und andere feste philosophische Grundlagen entwickelte. Um 1000 n. Chr. schrieb dann Kṣemendra *avadānas,* an brahmanische *mahātmyas* erinnernde buddhistische Heiligenlegenden. Im 9. Jahrhundert gingen viele kaschmirische Mönche nach Tibet.

3. *Ceylon (Sri Lanka)*

Zu jener Zeit gelang es der *theravāda*-Sekte, sich entlang der Strecke zwischen Ceylon und den Pilgerorten in Magadha über Ceylon hinaus auszudehnen. Viele *theravādins* fanden sich in Südindien und im Gebiet der zwei Häfen, die sie anliefen – im Osten war es beispielsweise Tāmralipti im Gangesdelta und im Westen war es Bharukaccha. Auf Ceylon selbst wurde zwar der Abhidhamma tief verehrt, doch begann man zur gleichen Zeit Zauberpraktiken zu fördern. Um 660 n. Chr. hören wir zum ersten Mal von der *paritta*-Rezitation, einer Zeremonie, die für den späteren Buddhismus auf Ceylon charakteristisch werden sollte.

Eine Zeitlang hatte das *mahāyāna* ziemlich großen Einfluß, und sowohl die *prajñāpāramitā* wie auch das *tantra* hatten ihre Zentren auf der Insel. Auf den Kupfertafeln von Indikutasaya sind uns Teile eines der großen *prajñāpāramitā-sūtras* in singhalesischer Schrift des 8. oder 9. Jahrhunderts erhalten. Das *abhayagiri*-Kloster übernahm auch viele andere charakteristische Elemente des *mahāyāna,* und seine Beziehungen zum *mahāvihāra*-Kloster blieben gespannt.

Um 620 lehnten die Angehörigen des *mahāvihāra* die Bitte des Königs ab, die *uposatha*-Zeremonie gemeinsam mit den Mönchen vom *abhayagiri* abzuhalten, und um 650 waren die *mahāvihāra*-Mönche der Unterstützung wegen, die er dem *abhayagiri* gewährte, dermaßen erzürnt über den König, daß sie in bezug auf ihn »das Umdrehen der Almosenschale« zur Anwendung brachten, einen Ritus, der der Exkommunikation eines Laien gleichkam. Im Jahre 536 wurde ein Buch mit dem Titel *Dharmadhātu* nach Ceylon gebracht, das wahrscheinlich von den »Drei Körpern« des Buddha handelt. Der König verehrte dieses Buch sehr, und es wurde zum Gegenstand ritueller Verehrung. Im 9. Jahrhundert wurden von einem indischen Mönch, der im *abhayagiri* wohnte, Lehrsätze des *Vajrayāna* verbreitet, und der König fühlte sich sehr zu dieser Lehre hingezogen. Nach den Worten der Chronik fand diese Lehre »weite Verbreitung unter den törichten und unwissenden Leuten dieses Landes« und führte zur Bildung eines besonderen Ordens, dessen Mönche dunkelblaue Roben trugen. Im Laufe des 7. Jahrhunderts machte sich im *abhayagiri* eine asketische Gegenbewegung gegen das bequeme Leben der Mönche bemerkbar. Jene, die bestrebt waren, die alte strenge Lebensführung wiedereinzuführen, sonderten sich im 9. Jahrhundert ab und spielten jahrhundertelang als *paṃsukūlikas* eine bedeutende Rolle. Ihren Namen leiteten sie von dem alten Brauch her, Roben zu tragen, die aus auf Abfallhaufen zusammengesammelten Lumpen gemacht waren. Seit dem Ende des 8. Jahrhunderts, in der Polonnaruva-Zeit, begann der Hinduismus auf buddhistische Bräuche einzuwirken.

4. *Zentralasien*

Unter der Tang-Dynastie spielte Zentralasien erneut eine Mittlerrolle zwischen China und Indien, denn von 692 bis um etwa 800 war es wieder Teil des Chinesischen Reiches.

Eine Zeitlang herrschten dort die Tibeter. In diesem Jahrhundert wurden in Dunhuang und an anderen Stellen zahlreiche wertvolle Dokumente aus dem 7. bis 10. Jahrhundert entdeckt. Auch das Reich der Uiguren, das seinen Höhepunkt zwischen 744 und 840 hatte, ist für die Geschichte des Buddhismus von gewisser Bedeutung. Nachdem sie im Jahre 840 von den Kirgisen besiegt worden waren, gründeten die Uiguren ein neues Königreich im Raum von Turfan, Betschbalik, Karatschar und Kutscha, das in Turfan und einigen anderen Gebieten bis zum 14. Jahrhundert fortbestand. Die Uiguren, die vom 8. Jahrhundert an Manichäer waren, wurden im 9. Jahrhundert zum Buddhismus bekehrt. Eine Vielzahl buddhistischer Texte wurde aus dem Sanskrit, Kutschanischen, Khotanesischen und Chinesischen ins Uigurische übersetzt. Nach 900 jedoch wurden die buddhistischen Indoeuropäer Zentralasiens im allgemeinen von islamischen Turkvölkern verdrängt.

5. *Südostasien*

Daß der Buddhismus nach Südostasien kam, war eine Folge der kolonialisierenden Unternehmungen der Hindus, die nicht nur Handelsstützpunkte gründeten, sondern auch ihre Kultur und ihre Kulte mitbrachten. Vom 3. Jahrhundert an wurde dieser Raum, der auch »Hinterindien« genannt wird, zunehmend von Dynastien regiert, die entweder den Anspruch erheben konnten, indischer Herkunft zu sein, oder für die die Hindu-Kultur wenigstens Vorbild war.

Bis zum 5. und 6. Jahrhundert war sowohl der *mahāyāna*- wie auch der *hīnayāna*-Buddhismus nach *Birma* eingedrungen. Anfangs kam er aus dem Pallava-Reich Südindiens, und es ist durchaus möglich, daß sich zeitweilig die *sarvāstivādins* durchsetzten. Vom 9. Jahrhundert an wurde der Pāla-Buddhismus aus Bihar und Bengalen eingeführt. Dies führte in Birma zur Bildung einer mächtigen Organisation von

Mönchen, die sich selbst *aris* nannten (von *ārya*, »edel«). Wir haben keine Kenntnis über ihre metaphysischen Lehren, aber wir wissen, daß sie das Pantheon des *mahāyāna* verehrten, sich tantrischen Übungen widmeten, dogmatische Neuerungen damit rechtfertigten, daß sie gelegentlich ein »verborgenes Schriftstück« entdeckten und daß sie viele lokale Bräuche übernahmen wie beispielsweise das *ius primae noctis*, das sie als eine fromme Handlung betrachteten.

Wenden wir uns *Indochina* zu, so stellen wir fest, daß in Kambodscha schon um 400 n. Chr. Herrscherhaus, Adel und Priesterschaft Hindus sind. Wir finden auch eine Mischung aus Śivaismus und *mahāyāna*, und zwar zuerst in Funan und dann, nach 540, im Khmer-Reich, dessen Hauptstadt im Jahr 802 Angkor wurde. Die Khmer errichteten zahlreiche riesige Bauwerke, von denen einige *mahāyāna*-Gottheiten geweiht waren, wobei Lokeśvara und Bhaiṣajyaguru besonders beliebt waren. Bis um etwa 1000 n. Chr. dominierte die Mischreligion aus Śivaismus und *mahāyāna* auch im Champa-Reich, wenngleich das *mahāyāna*-Element dort weniger ausgeprägt war und es auch *sammitīyas* und *sarvāstivādins* gab. Der Einfluß des Reiches von Śrīvijaya stärkte während des 9. Jahrhunderts das Ansehen des Buddhismus auch in Indochina in hohem Maße.

Indonesien wurde gleichfalls von indischen Auswanderern beherrscht, und eine von Südostindien eingeführte Form des Buddhismus ist dort vom 5. Jahrhundert n. Chr. an bezeugt. Die Staatsmacht von Śrīvijaya ersetzte nach 675 den bis dahin dort vorherrschenden Brahmanismus durch den Buddhismus. Auf Sumatra waren im 7. Jahrhundert die *sarvāstivādins* von großem Einfluß. Später wurde dort das *vajrayāna* von den Pāla-Universitäten eingeführt. Das gleiche geschah auf Mittel-Java vom 8. Jahrhundert an unter der Śailendra-Dynastie, obwohl der Śivaismus hier auch weiterhin ziemlich mächtig blieb. Die Śailendras erbauten auf der Ebene von Kedu viele schöne Tempel mit außergewöhnlich fein gearbeiteten Skulpturen. Der berühmteste von diesen ist der riesige Borobudur, ein im 6. Jahrhundert erbauter *stūpa*, ein steinernes *maṇḍala*, das den Kosmos ebenso symbolisiert wie den Weg zur Erlösung. Wer seine Galerien im Uhrzeigersinn *(pradakṣiṇā)* umwandelt, der erfährt auf rituelle Weise die Bewegung vom *saṃsāra* ins *nirvāṇa*, wobei er durch die drei Ebenen der dreistufigen Welt zum überweltlichen transzendenten Reich hinaufsteigt. Einige der großen *mahāyāna*-Texte sind hier auf Flachreliefs dargestellt: *Jātakamālā*, *Lalitavistara*, *Gaṇḍavyūha* und *Karmavibhaṅga*.

6. *China und Korea*

Die drei Jahrhunderte zwischen 500 und 800 waren die gedeihlichsten und schöpferischsten des chinesischen Buddhismus. Die Religion war jetzt assimiliert und wurde zu einem festen Bestandteil des öffentlichen Lebens. Acht einheimische Schulen entstanden während dieser Zeit: 1. *lüzong*, gegründet von Daoxuan (595-667); 2. *sanlun*, gegründet von Ji Zang (549-623); 3. *weishi*, gegründet von Xuanzang (596-664); 4. *mizong*, gegründet von Amoghavajra (705-774); *huayan-zong*, gegründet von Dushun (557 bis 640); 6. *tiantai*, gegründet von Zhikai (538-597); 7. *jingtu*, gegründet von Shandao (613-681) und 8. die *chan*-Schule, die von Bodhidharma um 520 gegründet worden sein soll.

Die erste Schule – oder *vinaya*-Sekte – hatte keine dogmatische Bedeutung. Ihr Anliegen war es, für eine strengere Befolgung der *vinaya*-Regeln einzutreten, und zwar vor allem in bezug auf die Mönchsweihe und das Betteln um Nahrung. Die Schule hatte einen gewissen Erfolg bei der Verschärfung der monastischen Disziplin, besaß in der buddhistischen Welt aber bald nur noch marginale Bedeutung.

Die folgenden drei Schulen vertreten indische Lehrsysteme.

Im chinesischen Buddhismus blieben sie mehr oder weniger Fremdkörper und überdauerten nur wenige Jahrhunderte. Das *sanlun* ist die chinesische Form der *mādhyamikas*. Wie der Name sagt, beruht es auf drei »Abhandlungen«, einer von Nāgārjuna und zweien von Āryadeva. Es setzt die von Kumārajīva um 400 n. Chr. begonnenen Bemühungen fort. Sein Begründer Jizang war ein überaus produktiver Autor, vornehmlich von Kommentaren und Enzyklopädien. Das Hauptanliegen der Schule ist es, alle Ansichten aufzugeben, damit die Leere herrschen kann.

Das *weishi* ist die chinesische Form der *yogācārins*. Seine grundlegende Schrift ist das *Cheng weishilun*, »Die Vollendung der Lehre von der reinen Vorstellung«. Der große Pilger Xuanzang hatte aus Nālandā zehn Kommentare zu Vasubandhus »Dreißig Strophen« mitgebracht und sie zu einem Werk vereinigt, wobei er im allgemeinen den Auslegungen Dharmapālas (6. Jh.) den Vorzug gab. Ziel dieser Schule ist es, alle Dinge aufzugeben, damit man einsieht, daß sie alle »von den Entwicklungen im Bewußtsein abhängige« geistige Vorstellungen sind, und damit man in dem *einen* Geist aufgeht, in dem alles reine Vorstellung ist. Die Lehrsätze und Einstellungen standen jedoch nicht im Einklang mit den chinesischen Neigungen der Mentalität im allgemeinen. In Kuiji (632-682), dem bedeutendsten Schüler Xuanzangs, gewann diese Schule noch einmal einen hervorragenden Kopf, doch bald entartete sie in scholastischen Auseinandersetzungen über das »siebente«, »achte« und »neunte« Bewußtsein, die im allgemeinen lediglich divergierende indische Traditionen widerspiegelten, ohne daß diese immer klar verstanden worden wären.

Mizong, die »Schule der Geheimnisse«, ist die chinesische Form des *tantra*. Sie ist auch als *zhenyan* bekannt, als Schule der *mantras*. Im 8. Jahrhundert brachten die drei Inder Śubhākarasiṃha (637-735), Vajrabodhi (670-741) und Amoghavajra (705-774) nicht zum Śaktismus gehörende tantrische Systeme nach China und erlangten am Hof der

Tang-Kaiser großes Ansehen. Dort führten sie eine Vielfalt von Riten ein, die teils vom Reich Katastrophen abwenden und teils das Schicksal von Menschen nach deren Tode günstig beeinflussen sollten. Diese Schule überdauerte kaum ein Jahrhundert. Die tantrische Tradition in China ging später in die Hände lamaistischer Mönche aus Tibet über.

Die folgenden drei Schulen wurden in stärkerem Maße assimiliert, allen voran die *huayanzong*, die »Kranz«-Schule. Sie stellt insofern ein Bindeglied zwischen *yogācāra* und *tantra* dar, als sie die ontologischen Vorstellungen der *yogācārins* kosmologisch deutete. Grundlegend für diese Deutung ist eine Untersuchung des indischen *avataṃsaka-sūtra*. Die Gleichheit – oder Identität – aller Dinge wird darin als die wechselseitige Durchdringung aller Elemente der Welt interpretiert. Das *eine* kosmische Prinzip ist in allen Wesen und in allen Dingen dadurch gegenwärtig, daß jedes mit jedem anderen harmoniert. Jedes Staubteilchen enthält alle Buddha-Reiche, und jeder Gedanke bezieht sich auf alles, was war, ist und sein wird. Das sinnlich wahrnehmbare Universum ist ein Abglanz des Ewigen, und die Geheimnisse der Wahrheit können überall geschaut werden. Anders als das *tantra* zielte diese Schule nicht auf die Beeinflussung und Beherrschung kosmischer Kräfte durch magische Mittel, sondern gab sich mit der kontemplativen Betrachtung und der Wahrnehmung der Schönheit des Wechselspiels dieser Kräfte zufrieden. Diese Lehre hatte großen Einfluß auf die Einstellung zur Natur im Fernen Osten und inspirierte auch zahlreiche Künstler in China und später in Japan. Die *huayan*-Schule wurde um 630 gegründet und bestand bis etwa 1000 n. Chr.

Einer ihrer größten Lehrer war Fazang (643-712), der Abkömmling einer sogdischen Familie. Er war ursprünglich ein Schüler von Xuanzang und verfaßte das bedeutende Werk »Meditation, die falsche Vorstellungen auslöscht und durch die man zur Quelle zurückkehrt«. Wie die *yogācārins* spricht er von dem *einen* Geist, der die Welt der Einzeldinge möglich macht. Dann aber geht er über die *yogācārin*-Lehre hinaus, indem er behauptet, daß alles die folgenden drei Merkmale besitzt:

1. Existentiell enthält jedes einzelne Ding, jedes »Staubteilchen« in sich das ganze Reich der Wirklichkeit *(dharmadhātu)* in seiner Gesamtheit;
2. jedes beliebige Ding kann alle möglichen Arten von Tugenden schöpferisch hervorbringen, vermag daher die Geheimnisse der ganzen Welt zu offenbaren;
3. in jedem Teilchen ist die Leere der wahren Realität erkennbar.

Sechs Arten der kontemplativen Betrachtung werden dem Schüler empfohlen:

1. In die heitere Ruhe des Geistes zu blicken, in die alle Dinge zurückkehren;
2. zu erkennen, daß die Welt der Einzeldinge aufgrund des *einen* Geistes existiert;
3. die vollkommene Durchdringung und geheimnisvolle wechselseitige Durchdringung aller Dinge wahrzunehmen;
4. zu erkennen, daß nichts ist außer Soheit;
5. zu erkennen, daß der Spiegel der Gleichheit die Erscheinungsformen aller Dinge reflektiert, die sich dadurch nicht gegenseitig behindern;
6. zu erkennen, daß man beim Eingreifen eines einzelnen Dinges alle anderen mit ergreift.

Die *tiantai*-Schule heißt so, weil ihr Gründer Zhikai in den Tiantai-Bergen in Zhejiang lebte und lehrte. Sie ist auch unter dem Namen *fahua* oder »Lotosschule« bekannt, weil sie sich des *saddharmapuṇḍarīka* als ihres grundlegenden Textes bediente. Zhikai schrieb einige unschätzbare Abhandlungen über die Kunst der Meditation. Die Lehren der *tiantai*-Schule zielen auf einen Synkretismus all der unterschiedlichen *mahāyāna*-Schulen. Politisch neigte sie im allgemeinen dazu, die gesellschaftliche Ordnung in Zusammenarbeit mit den weltlichen Behörden zu fördern. Geistig ist sie mit der Gelben Kirche Tibets verwandt, obwohl die Verhältnisse in China ihren politischen Einfluß ständig beschnitten. Die tiefgründigen und verwickelten philosophischen Lehren der *tiantai*-Schule weisen Züge auf, die nicht nur einen starken Einfluß der *weishi*- und *huayan*-Schule, sondern auch des Buches »Das Erwachen des Glaubens im *mahāyāna*« erkennen lassen, eines Werkes, das fälschlich Aśvaghoṣa zugeschrieben wird, aber sehr wohl in China entstanden sein könnte. Die *tiantai*-Schule bevorzugte für das Absolute die Bezeichnungen »wahre oder echte Soheit« oder auch »Mutterleib des Tathāgata«, der alle reinen und unreinen Möglichkeiten in sich trägt und daher imstande ist, die Dinge sowohl dieser wie auch der jenseitigen Welt hervorzubringen. Diese dualistische Theorie ist eine Besonderheit der *tiantai*-Schule. Alle Dinge und Vorgänge der Erscheinungswelt sind »harmonisch in ein Ganzes eingegliedert«, und zwischen einem Ding und einem anderen gibt es keine Grenze. Die *tiantai*-Schule neigt dazu, der Welt der Erscheinungen einen höheren Grad von Realität zuzuschreiben, als die indischen Schulen es gewöhnlich zulassen würden. Ihrer Teilnahme am gesellschaftlichen Leben wegen betonte sie, daß das *nirvāṇa* alle Übel beseitigt, nicht jedoch auch »das große Wirken« des Universums. Ihrer Lehre nach können selbst die Buddhas im Kreislauf von Geburt und Tod bleiben und wirken, weil sie sogar nach ihrer Erleuchtung ihre unausrottbaren unreinen Möglichkeiten behalten und daher wie gewöhnliche Sterbliche in unreines weltliches Tun verwickelt sein können. Und da jedes einzelne Ding den absoluten Geist in seiner Totalität enthält, haben nicht nur, wie Daosheng gesagt hat (s. S. 82f.), alle empfindenden Wesen die Buddha-Natur in sich, sondern, wie Zhanran (711-782), der neunte Patriarch der *tiantai*-Schule, erklärte, »besitzen sogar unbelebte Dinge die Buddha-Natur«, »und warum sollte auch nur bei einem winzigen Staubteilchen eine Ausnahme gemacht werden«?

In der *jingtu*-Schule (Schule des »Reinen Landes«) wurde der *Amidismus*, den es jahrhundertelang als volkstümliche Strömung (s. S. 84) gegeben hatte, strenger organisiert. Diese Schule war von Daochuo (562-645) gegründet und von Shandao (613-681) weiter ausgebaut worden. Auf diese beiden folgten einige weitere herausragende Persönlichkeiten, »Patriarchen« genannt, deren letzter, Shaokang, im Jahre 805 starb. Nach dem 9. Jahrhundert hört der Amidismus auf als selbständige, korporative Sekte zu existieren und wird zu einer alle Formen des Buddhismus in China durchdringenden Macht.

Der Amidismus lehrte, daß die dem Namen des Buddha Amitābha innewohnende Kraft alle Hindernisse auf dem Weg zum Heil beseitigen kann und das bloße Aussprechen seines Namens (chin.: Amituoto) die Wiedergeburt in seinem Reich zu garantieren vermag. Die Amitābha-Legende gründet hauptsächlich auf dem *sukhāvatīvyūha*, einem Sanskrittext des 1. Jahrhunderts n. Chr. Darin heißt es, daß vor unvorstellbar vielen Äonen der *bodhisattva* Dharmākara 48 Gelübde ablegte, darunter das Versprechen, daß alle, die seinen Namen anrufen, gerettet werden. Weiter heißt es, daß er später der Buddha Amitābha wurde und daß er schließlich vor zehn Äonen seinen Gelübden gemäß das »Reine Land« – auch »Westliches Paradies« genannt – geschaffen hat, das eine Million mal eine Milliarde Buddha-Reiche entfernt liegt. Diese Sekte ehrte Amitābha dadurch, daß sie sowohl Bildnisse von ihm wie auch die *sūtras*, die von ihm handeln, in großer Zahl vervielfältigte. Ebenso ehrte sie ihn mit Bildern, die die Herrlichkeit des »Reinen Landes« darstellen, und mit Hymnen, die es besingen. Eine Untersuchung der datierten Inschriften von Longmen verrät, daß der Amitābha-Kult dort besonders zwischen 647 und 715 geblüht hat. Die Amidisten verehrten auch Guanyin, den indischen Avalokiteśvara, der in China im Laufe der Zeit sein Geschlecht wechselte und zu einer weiblichen Gottheit wurde.

Die Stärke des Amidismus liegt in seinem demokratischen Geist. Der Intellektualismus gläubiger Aristokraten, die sich in einsame Gebirgsgegenden zurückziehen, ist für das gewöhnliche Volk, das im Gewühl des Alltags leben muß, völlig unerreichbar. Eine Religion, die sich an Massen wendet, muß vor allem äußerste Vereinfachung anstreben, und das große Verdienst der *jingtu*-Lehre besteht nach Ansicht ihrer Anhänger darin, daß sie einfach ist und leicht zu befolgen. Alles, was man zur Tugend braucht, ist Glaube, und die *jingtu*-Autoren scheinen anzunehmen, daß dieser häufiger ist als die Befähigung zur Trance oder zur Weisheit.

Die bedeutendste aller chinesischen Schulen jedoch ist die *chan*-Schule. Es handelt sich hierbei um die nach dem *abhidharma*, *mahāyāna* und *tantra* vierte und letzte der echten Neuschöpfungen des Denkens des Buddha. Das *chan* entstand fast zur gleichen Zeit wie das *tantra*, und die beiden Schulen haben viel gemeinsam. Die Geschichte der *chan*-Schule beginnt mit Huineng (638-713), der auch als »Sechster Patriarch« bekannt ist. Vor Huineng kann man von einer Art Vorgeschichte des *chan* sprechen. Sie soll mit Bodhidharma begonnen haben, einem mehr oder weniger legendären Südinder, der zu Beginn des 6. Jahrhunderts nach China kam und neun Jahre in der Hauptstadt Luoyang damit verbrachte, eine »Wand anzustarren«. Bodhidharmas Bedeutung liegt darin, die *chan*-Sekte eng mit der indischen Tradition verbunden zu haben, eine Bindung, an der diese Schule trotz ihres zutiefst eigenständigen Charakters festhielt. Der Buddha Śākyamuni, so erfahren wir, hatte die Geheimlehre Mahākāśyapa übergeben, und von ihm an wurde sie »von Geist zu Geist ohne Verwendung geschriebener Texte« einem »Patriarchen« nach dem anderen weitervermittelt, bis sie zu Bodhidharma gelangte, dem 28. in der Reihe. Zwischen Bodhidharma und Huineng gab es weitere vier »Patriarchen«, die einen stark vom Daoismus der *Daosheng*-Tradition (s. S. 82f.) gefärbten Buddhismus lehrten.

Unter ihnen ist der dritte Patriarch, Sengcan (gest. 606), seines großartigen Gedichtes »Glauben an den Geist« wegen erwähnenswert. Es ist eines der großen klassischen Werke der buddhistischen Literatur. Diese Patriarchen hatten jedoch wenig Einfluß auf die Gesellschaft als ganze, weil sie in Armut lebten und ohne festen Wohnsitz und es sich meist zur Regel machten, nirgends mehr als eine Nacht zu verbringen. Außerdem ist historisch überliefert, daß es durch die Auslegung der Lehren dieser Patriarchen zu einer Spaltung zwischen einem nördlichen, von Shenxiu (ca. 600 bis 706) und einem südlichen, von dem Kantonesen Huineng geführten Zweig kam. Der Hauptstreitpunkt war dabei das Problem »stufenweiser« oder »plötzlicher« Erleuchtung. Die Vertreter des nördlichen Zweigs, die Anhänger des Konzepts einer »stufenweisen« Erleuchtung, die glaubten, daß unsere Unreinheiten allmählich durch mühsame Übungen beseitigt werden müssen, starben bald aus. Was wir *chan*-Schule nennen, besteht aus den zahlreichen Schülern des Huineng. Organisatorisch wurde das *chan* zur Zeit von Bozhang Huaihai (720-814) unabhängig. Bis dahin hatten die meisten *chan*-Mönche nach den Vorschriften des *vinaya* in *lüzong*-Klöstern gelebt. Jetzt stellte Bozhang für die *chan*-Mönche eine Reihe neuer Regeln auf, die die Strenge und Schlichtheit der Lebensbedingungen der Frühzeit des Ordens wiederbeleben sollten und zudem den buddhistischen *vinaya* mit dem konfuzianischen Sittenkodex verknüpften. Die Regeln aller *chan*-Klöster gehen auf Bozhang zurück. Er führte eine Neuerung ein, die viel dazu beitrug, das Überleben und den sozialen Erfolg seiner Sekte zu sichern. Die Mönche gingen zwar auch weiterhin jeden Morgen auf ihre Bettelrunde, zusätzlich aber wurde von ihnen jetzt erwartet, daß sie auch arbeiteten. »Ein Tag ohne Arbeit, ein Tag ohne Essen« war Bozhangs Parole. Das hatte es bis dahin noch nicht gegeben. Die *chan*-Schule hatte zwei Perioden kräftiger Entwicklung, die erste in der Tang-, die zweite in der Song-Zeit. Die zweite Periode gehört zu

Kapitel IV, wir beschränken uns daher hier auf die erste. Lange galt es als Problem, ob Gelehrsamkeit oder praktisches Handeln wichtiger seien. Die *chan*-Sekte entschied im Gegensatz zu den ceylonesischen *dhammakathikas* (s. S. 68) kompromißlos zugunsten des praktischen Handelns. Sie fand eine Lage vor, in der der religiöse Eifer der Gläubigen die Hilfsmittel zur Erlösung in Gestalt von *sūtras*, Kommentaren, spitzfindigen philosophischen Lehren, Bildern und Riten derart vermehrt hatte, daß das eigentliche Ziel aus dem Blick zu geraten drohte. Das geistige Leben war in Gefahr, gerade von den Dingen erstickt zu werden, die dazu bestimmt waren, es zu fördern. Als Reaktion auf den wuchernden Apparat von Hilfsmitteln der Frömmigkeit trat die *chan*-Sekte für eine radikale Vereinfachung des Weges zur Erleuchtung ein. Sie wurde nicht müde, den Mißbrauch dieser Hilfsmittel anzuprangern, die so leicht zum Selbstzweck werden konnten. Insbesondere wandte sie sich gegen die übertriebene Ehrfurcht vor den schriftlichen Überlieferungen und bestand darauf, daß die Erlösung nicht durch das Studium von Büchern erlangt werden könne. Dies bedeutete jedoch nicht, daß die Anhänger des *chan* überhaupt keine Bücher lasen. Ihre eigenen Äußerungen sind im Gegenteil durchsetzt mit Verweisen auf das *vajracchedikā*- und das *laṅkāvatāra-sūtra*, die beiden Lieblingstexte der frühen *chan*-Sekte. Sie hatten jedoch das starke Gefühl, daß das Studium dieser *sūtras* nur eine vergleichsweise untergeordnete Rolle gegenüber den Anforderungen der Meditation *(chan* bedeutet *dhyāna)* und der spirituellen Verwirklichung spielen sollte. Die komplizierten kosmologischen und psychologischen Theorien der anderen buddhistischen Schulen werden gleichermaßen als »Blödsinn« und »unnützes Wissen« abgelehnt. Aus Protest gegen die Exzesse der Frömmigkeit und gegen die verbreiteten Fehldeutungen der Rolle des Buddha verbrannte Danxia Tianran, ein berühmter *chan*-Meister der Tang-Dynastie, im 8. Jahrhundert eine Buddhastatue, um sich an ihr zu wärmen, als ihn fror. Weil eine endgültige Bindung der Gefühle auf einen bestimmten Gegenstand als Hindernis wirken könnte, sagt uns ein anderer *chan*-Meister, kalt, man solle den Buddha töten, wenn man ihm begegne. Weniger drastisch sind die Antworten des *chan*-Meisters Nanyuan Huiyong auf die Frage: »Was ist der Buddha?« Er erwiderte lediglich: »Was ist nicht der Buddha?« oder: »Ich habe Ihn nie gekannt« oder: »Warte, bis einer da ist, dann werde ich es dir sagen.« All das gibt dem Denken wohl kaum etwas, worauf es bauen könnte. Die Absicht des *chan* war es, den Buddhismus als spirituelle Lehre wiederherzustellen. Spirituelle Dinge haben ihre eigenen Gesetze, ihre eigenen Dimensionen und ihre eigene Seinsweise. Dadurch entziehen sie sich weitgehend irdischer Wahrnehmung, und es ist mit Recht gesagt worden, daß der Geist nur mit den Augen des Geistes erkannt werden kann.

Die *chan*-Schule wußte sehr wohl, daß sie einen völligen Neubeginn verkörperte. Genauso wie Padmasambhava von seinen tantrischen Anhängern für einen zweiten, an Autorität dem Śākyamuni ebenbürtigen Buddha gehalten wurde, nannten die *chan*-Buddhisten eine Sammlung von Huinengs Reden aus derselben Haltung heraus bewußt ein *»sūtra«*, benutzten also einen Begriff, der des Buddha eigenen Äußerungen vorbehalten war. Da die *chan*-Schule jede Intellektualisierung und Systematisierung verabscheute, unterschieden sich ihre eigenen Schriften – sofern sie überhaupt welche hatte – weitgehend von den indischen Vorbildern. Einige wenige *chan*-Mönche haben wohl, wie es scheint, Mahnreden und didaktische Hymnen verfaßt, die große Mehrheit der Meister der Tang-Zeit jedoch lehnte es ab, überhaupt irgend etwas niederzuschreiben. Sie beschränkten sich auf einige kurze und kryptische Äußerungen, die zu einer späteren Zeit als »Sprüche der großen Alten« gesammelt wurden. Sie mißtrauten der entstellenden Wirkung der Worte so sehr, daß sie in ihren Schülern nicht nur durch absurde Bemerkungen die Erleuchtung auslösen wollten, sondern auch dadurch, daß sie sie im richtigen Augenblick mit einem Stock schlugen, sie an der Nase zogen oder wilde und bedeutungslose Laute von sich gaben wie Mazus berühmtes »Ho« usw. Ihre Unterrichtsmethode war bekannt unter dem Fachausdruck »seltsame Worte und noch seltsamere Handlungen«. Da sie schriftlich nicht faßbar ist, betrachtete man diese Lehren als etwas, was nicht zu den Heiligen Schriften gehörte. Sie galten als Zeichen des »Buddha-Geistes«, die unmittelbar den »Buddha-Geist« ansprechen und das »Siegel des Geistes« unmittelbar vom Lehrer auf den Schüler übertragen.

Es ist natürlich nicht leicht, aus solch nicht gerade vielversprechendem Material eine philosophische Lehre zu gewinnen. Versucht man jedoch das Unmögliche, dann läßt sich durchaus sagen, daß die Hauptlehren des *chan* die folgenden waren: An erster Stelle steht die berühmte Lehre, daß »Buddhaschaft durch plötzliche Erleuchtung« erlangt wird. Als praktisch denkende Leute waren die *chan*-Buddhisten jedoch weniger an Theorien über Erleuchtung interessiert als daran, wie man sie in der Praxis erlangte. Das *hīnayāna* hatte viel über »Erleuchtung« zu sagen, aber war nicht mehr imstande, irgendwelche wirklich erleuchteten Menschen hervorzubringen, seien es nun *arhats* oder Buddhas. Auch das traditionelle *mahāyāna* war in keiner besseren Lage und mußte seine offensichtliche Sterilität mit der Behauptung rechtfertigen, daß jeder *bodhisattva* noch Äonen um Äonen der Vorbereitung durchlaufen müsse, ehe er ein Buddha werden könnte. Im 7. und 8. Jahrhundert wurden zahlreiche Buddhisten ziemlich unzufrieden mit Lehren, die die Erreichung des Ziels auf eine unbestimmte Zukunft verschoben, und sie bestanden auf rascheren Erfolgen. Das führte zum *tantra*, das Methoden erfand, die Buddhaschaft »in *diesem* Körper« zu erlangen, sowie zum *chan*, das nach Erleuchtung »in *diesem* Leben« strebte. Das *chan* behauptete, daß zu jeder Zeit zahlreiche seiner Anhänger zur »Erleuchtung« gelangt sind, doch bedienten sie sich nicht des üblichen chinesischen Begriffs *puti*, der Sanskrit *bodhi* entspricht, sondern gebrauchten ein neues Wort, *wu* (Einsicht, Bewußtheit), bekannt meist in seiner japanischen Form als *satori*. Seine Beziehung zum Begriff der »Erleuchtung« in seiner traditionellen indischen Bedeutung und zur Allwissenheit des Buddha ist meines Wissens nie geklärt worden, obgleich von den *chan*-Patriarchen als von »verehrungswürdigen Buddhas« gesprochen wird. Dies zeigt, daß in der Geschichte des Buddhismus ein neuer Typ von »Heiligen« aufgetaucht ist. Nach den *arhats*, *pratyekabuddhas*, *bodhisattvas* und *siddhas* haben wir jetzt als fünften Typ die *chan*-Lehrer.

Zum zweiten ist das höchste Prinzip nicht in Worte faßbar. Auch hier begnügte sich das *chan* nicht damit, dies einfach zu behaupten, wie so viele buddhistische Philosophen vor ihnen es getan haben, sondern versuchte, die Einsicht in diese Wahrheit zu einer konkreten Erfahrung zu machen, indem es Methoden des »Erklärens durch Nicht-Darstellung« entwickelte oder, anders gesagt, indem es eine außergewöhnliche und auf den ersten Blick ziemlich belanglose und nicht zur Sache gehörige Aussage ersann, die dem Sachverhalt gerecht werden sollte. Hier ein Beispiel:

> In dem quadratischen Becken ist eine Schlange mit
> Schildkrötenmaul.
> Wirklich lächerlich, wenn man darüber nachdenkt!
> Wer hat den Kopf der Schlange herausgezogen?

Analog heißt es: »Übung muß durch Nicht-Üben erfolgen«. Ebensowenig wie man einen Spiegel durch Schleifen eines Ziegels herstellen kann, so kann ein Buddha nicht durch Meditationsübung gemacht werden. Das bedeutet nicht, daß jegliche Meditation aufgegeben werden soll, sondern daß sie ohne jede Anstrengung, in Bescheidenheit und ohne eine bestimmte Absicht erfolgen sollte, um auf diese Weise das alte *karman* zu erschöpfen, ohne ein neues *karman* zu schaffen. Man muß im »Nichtdenken« ruhen, das heißt »im Denken und doch frei von Gedanken sein« und »den Geist daran hindern, hin und her zu jagen«. Als Folge derartiger Übung erlangt der Mensch Erleuchtung, hat keine Zweifel mehr, und all seine Probleme sind plötzlich gelöst, und das nicht, weil er eine Lösung für sie gefunden hat, sondern weil sie aufgehört haben, Probleme für ihn zu sein. Und obschon sein neugewonnenes Wissen sich von der Unwissenheit gewöhnlicher Leute unterscheidet, hat er dennoch letzten Endes gar nichts gewonnen. Das Leben des Weisen unterscheidet sich nicht von dem gewöhnlicher Menschen. So sagte Yixuan (gest. 867): »Tue nur alltägliche Dinge ohne besondere Anstrengung: leere deinen Darm, laß Wasser, trage deine Kleider, iß dein Essen, und wenn du müde bist, leg dich hin! Einfältige Burschen werden über dich lachen, aber der Weise wird verstehen.« Daher »ist wirklich nicht viel hinter der buddhistischen Lehre«. Das Geheimnis, das der Buddha Mahākāśyapa übergeben hat, ist in Wirklichkeit ein offenes Geheimnis, und es hat nichts damit auf sich, außer daß es der Masse des Volkes nicht gelingt, es zu verstehen. Hat er einmal die Erleuchtung erlangt, kann der Weise ohne jede Anstrengung eine geheimnisvolle Zurückhaltung mit der Fähigkeit verbinden, stets den Forderungen der Welt gerecht zu werden. Nicht-Handeln ist mit Handeln identisch geworden, und, wie Pangyun es formuliert hat: »Spirituelles Verstehen und göttliches Wirken liegen im Wassertragen und Holzhacken.« Um mit einem Ausspruch von Haiyun zu schließen: »Den ganzen Tag essen und doch kein Reiskorn verschlucken; den ganzen Tag gehen und doch keinen Zoll Bodens zu durchmessen; während des ganzen Tages zwischen Objekt und Subjekt keinen Unterschied zu kennen und doch diese ganze Zeit den Dingen untrennbar verbunden zu sein, ohne von ihnen getäuscht zu werden: so muß der Mensch sein, der mit sich im Einklang steht.« In der Tat ist das *chan* eine äußerst tiefgründige Lehre. Obschon sich der kulturelle Hintergrund und die gesellschaftlichen Bedingungen im China der Tang-Zeit fast in jeder Hinsicht vom Indien des Buddha Śākyamuni unterschieden, sind Buddhisten dem Geist ihres Stifters kaum jemals so nahe gekommen wie die großen Meister der *chan*-Schule.

Soviel über die geistigen Entwicklungen dieser Periode. Nach außen hin erlangte die buddhistische Religionsgemeinschaft in der Tang-Zeit eine hervorragende Stellung sowie mehr Reichtum und Macht, als es während ihrer langen Geschichte wohl sonst je der Fall war. Dieser Erfolg war jedoch teuer erkauft. Der Wohlstand der Klöster drohte die Wirtschaft des Landes zu ruinieren. Die riesigen monastischen Einrichtungen waren wirtschaftlich unproduktiv und mußten von der Allgemeinheit versorgt werden, das heißt vom Kaiserhof, von Adelsfamilien oder von Dorfgemeinschaften. Die teuren Bauvorhaben entzogen einen großen Teil der ländlichen Bevölkerung der Feldarbeit, und schließlich wurden die Metallreserven des Landes erschöpft, da man sie dazu benutzte, Bildnisse und andere Kultobjekte zu gießen. Diese Entwicklung führte zu der großen Verfolgung von 845, bei der die Regierung das Eigentum der Klöster konfiszierte, die Mönche und Nonnen zur Rückkehr ins weltliche Leben zwang und die Kunstwerke beschlagnahmte, um das Metall für profanere Zwecke zu verwenden.

Nach *Korea* kam der Buddhismus offiziell im Jahr 372 n. Chr. Bis etwa 525 hatte er sich im ganzen Land verbreitet. Zwischen 550 und 664 wurde er Staatsreligion und gewann ständig an Macht, wobei die Mönche zeitweise die eigentlichen Herrscher waren. Könige, Prinzen und Prinzessinnen wurden oftmals Bonzen, und überall wurden prächtige Tempel, Bildnisse und andere Denkmäler errichtet. In der Lehre kam es zu keinen bemerkenswerten Entwicklungen. Der koreanische Buddhismus war hauptsächlich dadurch von Bedeutung, daß er als Vermittler zwischen China und Japan wirkte. Abgesehen davon verdient er des Glaubenseifers wegen Beachtung, mit dem er ausgeübt wurde. Jahrhundertelang ist aller überschüssiger Reichtum des Landes für religiöse Zwecke verwendet worden.

7. *Japan*

Um 550 n. Chr. kam der Buddhismus als Bestandteil der chinesischen Zivilisation von Korea nach Japan, und der große Staatsmann Shotoku Taishi (523-621) übernahm ihn als eine Art Religion. Bald verschmolz der Buddhismus mit dem einheimischen Shintō, der sich ihm zuerst erbittert widersetzt hatte. Wie in Tibet sagte man zu Anfang, die Shintō-Götter seien Wächter und Beschützer des Buddhismus. Dann wurde das Pantheon der beiden Religionen allmählich gleichgesetzt, und es wurde gelehrt, daß es sich um dieselben Gottheiten handele, nur unter verschiedenen Namen. Im 9. Jahrhundert erhielt diese Verschmelzung die Bezeichnung *ryōbu*-Shintō. Der *ryōbu*-Shintō ist nicht nur deshalb eine bemerkenswerte Errungenschaft, weil er zwei Religionen vorläufig miteinander verschmolz, sondern sie auch in einer Weise vereinigte, daß sie 1000 Jahre später ziemlich leicht wieder zu trennen waren.

Diese erste Zeit war eine Zeit der Nachahmung. Vor 700 n. Chr. wurden vier »Sekten« eingeführt, die jedoch keine auf die Unterstützung bestimmter Lehren verpflichtete Vereinigungen, sondern lediglich philosophische Schulen waren, die bestimmte Lehrbücher auslegten. Es waren dies die *jōjitsu*-Sekte (625), die sich auf Kumārajīvas Übersetzung von Harivarmans *Satyasiddhi* stützte; die *sanron*-Sekte (625), die die drei Werke von Nāgārjuna und Āryadeva studierte, die die Grundlage der chinesischen *sanlun*-Schule bildeten; die *hossō*-Sekte (654), die sich des *Yuishiki* als Lehrbuch bediente, das die Leitsätze des *vijñānavāda* nach Xuanzang und Kuiji auslegte; sowie die *kusha*-Sekte (658), die sich der Auslegung von Vasubandhus *Abhidharmakośa* widmete. Dann kam die *huayan*-Sekte (730) – heute *kegon* genannt –, die viele Jahrhunderte existierte und den Vairocana als Roshana oder Birushana verehrte. Ferner ist noch die *vinaya*-Sekte (753) zu nennen, in Japan *risshū* genannt, die strengere Ordinationsregeln einzuführen versuchte, aber bald verfiel.

Viel bedeutender jedoch waren die zur Heian-Zeit (794 bis 1186) eingeführten Sekten *tendai* und *shingon*, die ihre Zentren auf zwei Bergen hatten. Die erstere wurde von Dengyō Daishi (767-822) gegründet, der die *tiantai*-Lehre aus China gebracht hatte, die letztere von Kōbō Daishi, der in Chang'an die Geheimlehre des Zhenyan erlernt hatte. Der heilige Berg Hieizan der *tendai*-Sekte nahe der neuen Hauptstadt Kyōtō war bald mit nicht weniger als 3000 Tempeln und Hallen bedeckt. Diese Sekte hatte nicht nur einen großen Einfluß auf die Entwicklung der Kunst, sondern alle späteren Sekten gingen insofern aus ihr hervor, als ihre Gründer dieser Sekte lange angehört hatten. Nach seiner Rückkehr aus China wurde Kōbō Daishi nicht nur ein Günstling des kaiserlichen Hofes, sondern er prägte auch die Vorstellungswelt des Volkes mehr als jeder andere japanische Lehrer. Für das Volk ist er der Held zahlloser Legenden, für seine Anhänger eine Erscheinung Vairocanas, der noch nicht gestorben ist, sondern in seinem Grab die Ankunft des künftigen Buddhas erwartet.

Das Zentrum der *shingon*-Sekte war der einsame Berg Kōyasan. Sie beschäftigte sich hauptsächlich mit der Ausübung ritueller Handlungen, schuf daneben aber auch Gemälde und Skulpturen von tantrischen Gottheiten. Nicht alle Mönche der *tendai*- und *shingon*-Sekte wohnten in Klöstern. Innerhalb beider Schulen gab es starke Bestrebungen, den Glaubenseifer der frühen buddhistischen Gemeinschaften zu erneuern, als die Mönche tatsächlich noch in den Wäldern wohnten. Es gab eine beträchtliche Anzahl *yamabushi*, das heißt solcher, »die in den Bergen schlafen«, und *shugenja*, das heißt solcher, »die Enthaltsamkeit üben«, jener also, die allein oder in kleinen Gruppen in den wilden

Bergen und Wäldern lebten. Im allgemeinen wandten sich *tendai* und *shingon* vornehmlich an die gebildeten Schichten. Im Volk fanden sie keinen starken Anklang. Jenen, die sich einen bequemen Weg wünschten, boten sie die Möglichkeit, Amidas (jap. für Amitābha) Namen anzurufen, um eine Wiedergeburt im Westlichen Paradies zu erlangen. Die Sekten der Nara- wie auch der Heian-Zeit bauten Hallen eigens für die von Hymnen und liturgischen Gesängen begleitete Rezitation des Nembutsu (chin.: Amituofo). Ebenfalls im 10. Jahrhundert brachten Wanderprediger dem gewöhnlichen Volke die Botschaft von der erlösenden Gnade Amidas in einer ihm verständlichen Sprache.

Der Buddhismus paßte sich den gesellschaftlichen Bedingungen seiner Umwelt an. Der Wert, den man dieser Religion beimaß, lag in hohem Maße in ihrem magischen Nutzeffekt für das Wohl des Staates. Klöster waren schon durch ihre bloße Existenz vor den schädlichen Einflüssen geschützt, die mancherorts aus der Erde kommen, und die Rezitation der großen *mahāyāna-sūtras* erfolgte regelmäßig zu dem Zweck, Seuchen, Erdbeben und andere Katastrophen zu verhüten. Andererseits wurden die moralischen Gebote nicht immer streng befolgt. In der Heian-Zeit gab es gewalttätige Auseinandersetzungen zwischen den Klöstern, die bedeutende Großgrundbesitzer geworden waren und sich ganz so verhielten, wie soziale Gruppen in Feudalgesellschaften es zu tun pflegen. Von Priestern kommandierte und organisierte Söldnertruppen brannten sich gegenseitig ihre Klöster nieder, und bewaffnete Banden erschienen in Kyōtō, um die Regierung unter Druck zu setzen. In künstlerischer Hinsicht jedoch war diese Zeit hochbedeutsam, und viele herrliche Kunstwerke sind erhalten geblieben.

8. *Tibet*

In Tibet soll der Buddhismus um 650 n. Chr. begonnen haben, aber erst 100 Jahre später machte er wirkliche Fortschritte. Zuerst stieß er auf den erbitterten Widerstand der Schamanen der einheimischen Bon-Religion, die von der Mehrheit des Adels unterstützt wurde. Die Förderung durch den König machte es jedoch den Buddhisten möglich, ihre Stellung allmählich zu festigen, und unter König Ral-pa-can (817-836) erlangten sie den Höhepunkt ihres Einflusses. Im Jahre 787 wurde das erste Kloster in bSam yas fertiggestellt, und bald danach wurden von Śāntarakṣita die ersten Mönche geweiht. Überall wurden Tempel erbaut, viele Lehrer wurden aus Indien eingeladen, eine Schrift wurde erfunden und zahlreiche Werke wurden übersetzt. Man gab sich große Mühe, die Genauigkeit der Übersetzungen zu gewährleisten, und um 825 wurde die Terminologie von einer Kommission aus indischen Pandits und tibetischen *lotsabas* (Übersetzern) vereinheitlicht, die als Richtschnur für Übersetzer das buddhistische Fachwörterbuch *Mahāvyutpatti* herausgaben. Die Bon-Rivalen schienen besiegt, die buddhistischen Mönche übten die eigentliche Herrschaft über das Land aus, doch dann zerstörte eine Buddhistenverfolgung unter gLang-darma (836-842) alles Erreichte. Etwa ein Jahrhundert lang verschwand der Buddhismus wieder aus Tibet.

Die hier behandelte Periode ist für Tibet eine Zeit der Rezeption fremder Einflüsse, in deren Verlauf vier Hauptsysteme bzw. Denkrichtungen eingeführt wurden:

1. Aus dem Westen, vom Swat-Tal her, kam das tantrische Gedankengut des Padmasambhava, der sich selbst eine kurze Zeit in Tibet aufgehalten hatte. Padmasambhavas Geisteshaltung weist beträchtliche Übereinstimmungen mit der der Bon-Religion auf, und er hatte in Tibet außerordentlichen Erfolg. Er entwickelte ein bestimmtes System des *vajrayāna*, aber wir wissen nicht genau welches. Sein großer Erfolg in Tibet gründete sich hauptsächlich auf seine wunderwirken-

den Aktivitäten. Die Legende hat die historischen Fakten ziemlich überwuchert. Die Schule der *rNying-ma-pas,* das heißt »der Alten«, geht auf Padmasambhava zurück und hat sich bis in unsere Tage erhalten.

2. Aus dem Süden kam die Synthese des *mahāyāna,* wie sie unter der Pāla-Dynastie entstanden war. Sie wurde von einigen der führenden Gelehrten der Universitäten von Magadha gebracht. Diese Verbindung von *prajñāpāramitā* und *tantra* wurde zur Haupttradition des tibetischen Buddhismus und hat sich bis in unsere Gegenwart immer wieder erneuert. Besonderen Wert maß diese *mahāyāna*-Synthese dem *abhisamayālaṅkāra* bei, einem indischen Werk des 4. Jahrhunderts n. Chr., das den Inhalt der *prajñāpāramitā* in 25 000 *ślokas* mit festgelegter Numerierung ordnet. Dadurch wurde es möglich, den Text auswendig zu lernen als Vorstufe zur Meditation über ihn. Zugleich wurde er im Geist der *mādhyamikas* interpretiert, wobei einige Elemente der gemäßigteren *yogācārin*-Tradition beigemischt wurden. Schon in Indien war der *abhisamayālaṅkāra* häufig kommentiert worden, doch wurde er in Tibet zum Grundstein der höherentwickelten nicht-tantrischen Ausbildung. Die Gelehrten Tibets haben unzählige Kommentare zu diesem Text verfaßt.

3. Von Südwesten her versuchten auch die *sarvāstivādins* in Tibet Fuß zu fassen. Schon ziemlich früh lud der König sie ein, ein Kloster zu gründen, aber der Einfluß ihrer Niederlassungen ließ bald nach, da die umliegende Bevölkerung gegenüber einer Lehre, der es an magischen Praktiken fehlte, gleichgültig blieb. Doch obwohl die *sarvāstivādins* sich nicht lange in dieser Welt der Magie und Hexerei halten konnten, haben sie dennoch einen beträchtlichen Einfluß auf das Denken Tibets ausgeübt, weil ihre Literatur praktisch die einzige Version des älteren Buddhismus ist, der in den Kanon der übersetzten Schriften Eingang gefunden hat.

4. Der vierte Einfluß kam von Osten. Viele chinesische Mönche der *chan*-Sekte erschienen in Tibet und versuchten

die Bewohner zu ihren Lehren zu bekehren. Sie gerieten bald in Konflikt mit den indischen Pandits der Pāla-Orthodoxie und wurden auf dem berühmten Konzil von bSam yas im Jahre 793/794 entscheidend geschlagen. Danach mußten sie das Land verlassen oder untertauchen. Ihr Einfluß auf die spätere tibetische Geschichte ist unbedeutend.

IV. KAPITEL
DIE LETZTEN TAUSEND JAHRE: 1000-1978 N. CHR.

1. *Indien: Der Zusammenbruch und seine Ursachen*

In Indien selbst fand der Buddhismus um 1200 n. Chr. ein Ende. Nur in einigen Gebieten wie in Magadha, Bengalen, Orissa und Südindien hielt er sich noch weitere 200 oder 300 Jahre.

Die Hauptursache für sein Verschwinden waren natürlich die moslemischen Invasionen. Mit ihrem fanatischen Haß auf das, was ihnen »Götzenanbetung« schien, brannten diese unbarmherzigen Eroberer die blühenden Klöster und Universitäten von Sind und Bengalen nieder und töteten die Mönche, die keinen Widerstand leisteten – teils in Befolgung ihrer Gelübde, teils weil sie glaubten, daß astrologische Berechnungen gezeigt hätten, daß die Moslems Hindustan ohnehin erobern würden. Alles jedoch läßt sich nicht auf die moslemische Grausamkeit zurückführen, und zwar aus zwei Gründen: Erstens gelang es Hinduismus und Jinismus, die demselben Fanatismus ausgesetzt waren, weiterzubestehen. Zweitens starb der Buddhismus auch in Gebieten, die von den Invasionen der Moslems nicht betroffen waren, wie Nepal oder Südindien, ebenfalls allmählich aus, wenn auch viel langsamer. Die Ursache für diesen Niedergang muß daher gleichermaßen innerhalb wie außerhalb des Buddhismus gesucht werden.

Als *gesellschaftliche Kraft* kann eine nicht weltlich ausgerichtete Religion nur überleben, wenn sie durch gewisse Zufälle die Unterstützung irgendeines mächtigen oder wohlhabenden Teils der Gesellschaft zu gewinnen vermag. Wenn die Jainas als einzige der zahlreichen altindischen Sekten in Indien noch immer eine Macht darstellen, so kommt das daher, daß durch gewisse Umstände wohlhabende Kaufleute zu ihren Anhängern zählen, die es sich zur Ehre anrechnen, die Asketen zu unterstützen. Der Buddhismus hatte sich im allgemeinen auf die Förderung durch Könige verlassen, und wo diese fehlte, war er gewöhnlich in Schwierigkeiten. Er hat, wie wir gesehen haben (s. S. 42ff.), nie viel für den gewöhnlichen Laienanhänger zu tun vermocht, und aus diesem Grunde konnten die Mönche normalerweise nicht von deren freiwilligen Zuwendungen leben. Der buddhistische Laienstand bildete nie eine korporativ organisierte soziale Einheit oder eine homogene Gruppe, die von den Anhängern der brahmanischen Sekten getrennt lebte. Auch paßten sie sich durchweg dem brahmanischen Kastensystem an und befolgten bei den Geburts-, Hochzeits- und Totenzeremonien brahmanische Riten. Jede Schwächung der Klöster mußte deshalb automatisch dazu führen, daß die buddhistischen Laien in dem enggewirkten Sozialgefüge des Brahmanismus aufgingen. Die Jainas hingegen überlebten, da es bei ihnen im Gegensatz zu den Buddhisten eine lebendige Gemeinschaft zwischen Mönchen und Laien gab. Der internationale Charakter des Buddhismus, der es ihm ermöglicht hatte, Asien zu erobern, hatte auch seinen Untergang in Indien begünstigt. Die buddhistische Religion hatte den Mönchen stets Gleichgültigkeit dem jeweiligen Land gegenüber eingeimpft, in dem sie lebten, und so verließen die überlebenden Mönche das Land, in dem sie ihre monastischen Regeln nicht länger üben konnten, und gingen nach Nepal, Tibet, China usw. Ihre weniger flexiblen und erdgebundeneren Brüder hinduistischen oder jinistischen Glaubens hielten ihre Stellungen und vermochten am Ende dort zu überleben, wo sie waren.

Als eine *geistige Kraft* hatte sich der Buddhismus selbst erschöpft. Es gibt keinen Grund für die Annahme, daß die buddhistischen Mönche nach dem Jahre 1000 träger oder korrupter gewesen wären als irgendwann vorher. Die Religionsgeschichte kennt jedenfalls zahlreiche Fälle, in denen Korruption durch Reformation überwunden wurde. Gerade wenn wir sehen, welch großartige Männer die indischen

Klöster noch immer nach Tibet schicken konnten, fällt es schwer, an deren Verderbtheit und Entartung zu glauben. Was jedoch erloschen war, waren die schöpferischen Impulse. Die Buddhisten hatten nichts Neues mehr zu sagen. Analog zu den Vorgängen im 1. und 6. Jahrhundert wäre im 11. Jahrhundert ein neuer Ausbruch schöpferischer Kräfte zu erwarten und für die Erneuerung der Religion notwendig gewesen. Aber es kam nicht dazu.

Im Laufe ihres 1700 Jahre langen Zusammenlebens hatten natürlich sowohl die Hindus viel von den Buddhisten wie auch die Buddhisten viel von den Hindus übernommen. Infolgedessen hatte sich der Unterschied zwischen ihnen immer weiter verringert, so daß es für einen Buddhisten ein leichtes war, von der stark buddhisierten Hindu-Gemeinde absorbiert zu werden. Der Buddha und einige buddhistische Gottheiten wurden in das Hindu-Pantheon aufgenommen. Die buddhistische Philosophie Nāgārjunas war von Gauḍapāda, dem Lehrer Śaṅkaras, in den *vedānta* eingebracht worden, und ebenso verdankten die *vaiṣṇavas* der späteren Zeit viel den Buddhisten. Die buddhistischen *tantras* hatten zur Abfassung ihrer hinduistischen Gegenstücke angeregt, die voller Bezüge auf *mahāyāna*-Gottheiten sind. Ikonographie und Mythologie beider Religionen hatten sich einander ständig angeglichen. Es ist ein historisches Gesetz, daß die Koexistenz rivalisierender Anschauungen zu einer Art eklektischen Systems führen muß. Es ist dies bloß auf intellektuellem Gebiet die Wiederholung dessen, was in der Physik durch osmotischen Druck bewirkt wird. So geschah es in der griechisch-römischen Welt mit den philosophischen Systemen und im England der 50er Jahre mit den politischen Parteien, deren Hauptproblem es war, überhaupt etwas zu finden, worin sie nicht übereinstimmten. Dasselbe ereignete sich mit dem Hinduismus und Buddhismus. Die gesonderte Existenz des Buddhismus diente keinem sinnvollen Zweck mehr. Sein Verschwinden bedeutete daher für niemanden einen Verlust. Wir dürfen auch nicht die buddhistische

Überzeugung außer acht lassen, daß es sich um eine Zeit religiösen Verfalls handelte. In Orissa sagten die Buddhisten, daß sie sich im verderbenbringenden letzten Weltalter, dem *kali-yuga*, tarnen und Hari verehren müssen, um geduldig die Zeit des Wiedererscheinens des Buddha abzuwarten. Böswillige Kritiker gehen bei der Untersuchung der Gründe für den Zusammenbruch des Buddhismus in Indien im allgemeinen von der Voraussetzung aus, daß mit ihm irgend etwas nicht gestimmt haben muß. »Es ist immer leicht, einen toten Gaul zu schlagen«, wie einer dieser Historiker selbst zugibt. Auch können darwinistische Vorurteile vom »Überleben des Tüchtigsten« in die Irre führen, wenn man sie auf Religionen anwendet. Alles hat seine Lebensdauer, seine ihm gewährte Zeitspanne: Bäume, Tiere, Nationen und soziale Einrichtungen. Religionen machen da keine Ausnahme. Woran der Buddhismus in Indien starb, war einfach sein hohes Alter, seine völlige Erschöpfung. Er hatte auch nie geglaubt, daß er von der Unbeständigkeit aller bedingten Dinge ausgenommen sei, die er so oft verkündet hatte. In Wirklichkeit hatten seine Lehrer in ihrer Weisheit das kommende Ende vorausgesehen. Jahrhundertelang war der Verfall des Ordens für eine Zeit etwa 1500 Jahre nach dem *nirvāṇa* des Buddha vorhergesagt worden. Der chinesische Pilger Xuanzang berichtet nicht nur von zahlreichen Legenden, die im 7. Jahrhundert in vielen Gegenden Indiens verbreitet waren und die zeigten, daß das Künftige erwartet wurde, sondern er selbst hatte inmitten der Pracht der Klosterstadt Nālandā einen Traum des Inhalts, daß dieses berühmte Zentrum der Gelehrsamkeit durch Feuer zerstört würde und seine Hallen eines Tages verlassen wären. Das Ende kam also keineswegs unerwartet, und was noch vorhanden war, sollte in Ehren untergehen.

Die moslemischen Verfolgungen ließen viele Mönche und Gelehrte Nordindiens mit ihren Büchern und Kultbildern nach Nepal fliehen. Nepal wurde so zu einer Hochburg des Pāla-Buddhismus. Und dennoch vermochte die Ankunft der Flüchtlinge aus Indien dem Buddhismus keine neue Kraft zu verleihen. Nach dem Jahr 1000 zeigt er das Bild zunehmenden Verfalls. Allein königliche Förderung hielt den *saṅgha* einige Zeit am Leben, und das Land blieb ein paar Jahrhunderte lang ein Zentrum buddhistischer Kultur. Die Gelehrten können das Ausmaß des Niedergangs am Zustand der Sanskrithandschriften bestimmen. Diese sind um 1200 n. Chr. sehr gut, im 17. Jahrhundert noch annehmbar, im 19. Jahrhundert jedoch so unsorgfältig und schlampig, daß man sich kaum mehr auf sie verlassen kann. Ähnlich verringert sich ständig das künstlerische Niveau. Mit dem Zusammenbruch des Buddhismus in Indien waren die nepalesischen Buddhisten auf sich selbst angewiesen. Beschränkt auf ein kleines Tal, ergaben sie sich binnen etwa 100 Jahren dem Hinduismus. Im Laufe des 14. Jahrhunderts fanden die Mönche, daß die Einhaltung der monastischen Disziplin zu große Schwierigkeiten bereitete, wandelten sich in eine Hindu-Kaste und nannten sich *banras*, »die Ehrenwerten«. Sie gaben den Zölibat auf, zogen mit ihren Familien in die *vihāras* und verdienen seitdem ihren Lebensunterhalt durch Metallarbeiten. Seiner Elite beraubt, vermochte der nepalesische Buddhismus nur einige Äußerlichkeiten der Religion zu bewahren. Eine Reihe von Gottheiten werden wie Hindugötter verehrt, und jahrhundertelang behauptete sich nur der Laienbuddhismus. Die volkstümlichsten Gottheiten sind Matsyendranāth, der »Herr Indra der Fische«, ein vergöttlichter, mit Lokeśvara identifizierter Yogin sowie die Tārā, die »Retterin«, die jedoch im Laufe der Jahrhunderte gegenüber der śivaitischen Kālī an Bedeutung verlor.

Im Volksglauben verwischten sich die Grenzlinien zum

Hinduismus immer mehr. In einigen Fällen dient dasselbe Götterbild beiden Religionen. Beispielsweise betrachtet der Hindu den Mahākāla als Śiva oder Viṣṇu, der Buddhist aber als Vajrapāṇi, und in der Schutzgottheit von Nepal, die Hindu-Pilger in Tundiktel anbeten, verehren Buddhisten den Padmapāṇi.

Es ist aber nicht so, daß Gelehrsamkeit und geistiges Leben völlig erloschen wären. Hodgson, der Vertreter der britischen Regierung, berichtet, daß es im frühen 19. Jahrhundert vier philosophische Schulen gegeben hat: die *svābhāvikas, aiśvarikas, kārmikas* und *yātnikas.* Wie so viele andere englische Statthalter hatte er jedoch keinen Sinn für Philosophie. Er weigerte sich, sich auf »die grenzenlosen Absurditäten des Buddha-Systems« einzulassen. Und so wirft sein Bericht wenig Licht auf die Unterschiede zwischen ihnen. Seltsamerweise hat seitdem niemand versucht, die strittigen Punkte zu klären. Die Eroberung Nepals durch die Gurkhas im Jahre 1768 erniedrigte die buddhistischen Newars auf den Rang eines unterworfenen Volkes. Das war der endgültige Schlag, welcher den Verfall noch weiter beschleunigte, der durch das Verschwinden des *saṅghas* der obdachlosen Mönche ohnehin unvermeidlich geworden war. In jüngster Zeit haben Missionare aus Ceylon wie aus Tibet versucht, in Nepal einen neuen *saṅgha* zu gründen. Jegliche Wiederbelebung der buddhistischen Religion wird von dem Erfolg ihrer Bemühungen abhängen.

In Kaschmir waren die letzten Jahrhunderte der Hindu-Herrschaft im ganzen eine Zeit politischen Versagens. Die Jahre zwischen 855 und 1338 sind eine Periode stetigen Verfalls und politischer Auflösung. Buddhismus und Śivaismus verschmolzen, und Buddhisten und Śivaiten lebten oft in denselben religiösen Einrichtungen zusammen. Nach dem Jahr 1000 gingen viele kaschmirische Gelehrte und Handwerker nach Tibet, Ladakh, Guge und Spiti. Von 1204 bis 1213 spielte Śākyaśrībhadra, »der große kaschmirische Gelehrte«, in Tibet eine bedeutende Rolle. Das Jahr 1339 bezeichnet den Beginn der moslemischen Herrschaft. Zuerst zeigten sie sich den Buddhisten gegenüber tolerant, aber um 1400 setzte die Verfolgung mit allem Ernst ein. Bilder, Tempel und Klöster wurden systematisch zerstört, religiöse Zeremonien und Prozessionen wurden verboten, und um 1500 kam der Buddhismus als eigenständiger Glaube zum Erliegen, wobei er jedoch im Hinduismus dieser Gegend starke Spuren hinterließ. In geringerem Maße beeinflußte er sogar die Moslems. Im übrigen war die Zerstörung vollkommen.

3. *Ceylon (Sri Lanka)*

Im Jahre 1160 beendete ein Konzil in Anurādhapura die Streitigkeiten zwischen dem *mahāvihāra* und seinen Konkurrenten durch die Unterdrückung der letzteren. Doch bald nach 1200 kam es zu einem Zusammenbruch, allerdings weniger des Buddhismus als vielmehr des sozialen Systems, das den Buddhismus getragen hatte. Invasionen von Indien schwächten die Zentralgewalt, die nicht mehr den Bau von Bewässerungsanlagen durchsetzen konnte, und bald beherrschten moslemische Piraten und sogar chinesische Eunuchen weite Teile des Landes. Die wirtschaftliche Grundlage des *saṅgha* wurde auf diese Weise aufs äußerste gefährdet. Später, im 16. Jahrhundert, verfolgten die Portugiesen den Buddhismus. Sie behaupteten, den »Heiligen Zahn« vernichtet zu haben, und zwangen viele Ceylonesen, zum römisch-katholischen Glauben überzutreten. Dann kamen die Holländer und schließlich (bis 1948) die Engländer. Die langen Jahrhunderte europäischer Herrschaft schadeten dem Buddhismus sehr. Der *saṅgha* starb oft ganz aus und im 17., 18. und 19. Jahrhundert mußten wiederholt aus Birma und Siam Mönche ins Land gebracht werden. Die Wiederbelebung setzte um 1880 ein. Sie wurde zunächst von der Theosophischen Gesellschaft ausgelöst und dann vom erwachenden

Nationalismus vollendet. Seitdem sind die ceylonesischen Buddhisten zunehmend aktiv geworden und haben viel wertvolle Gelehrtenarbeit geleistet, wenn auch meist in den Grenzen ziemlich enger Orthodoxie. Im Jahr 1950 wiesen sie neue Wege, indem sie versuchten, alle buddhistischen Länder zusammenzubringen, und die »World Fellowship of Buddhists« (Weltvereinigung der Buddhisten) gründeten.

4. *Südostasien*

Zu Anfang dieser Periode ändert der Buddhismus von *Birma* seinen Charakter. Von nun an bezieht er seine geistigen Impulse aus Ceylon. Im Jahre 1057 erobert König Anawrahta von Pāgan Thato, um den Pāli-Kanon (Tipiṭaka) und die dort befindlichen Reliquien in seinen Besitz zu bringen. Dann ließ er Mönche und Schriften aus Ceylon kommen, und die Chroniken versichern uns, daß er die *ari*-Priester des *vajrayāna* »verjagte«. Indessen gibt es zahlreiche Beweise für den Fortbestand des *mahāyāna* auch nach dieser Zeit. Die Archäologie hat nachgewiesen, daß das *mahāyāna* gerade während der Oberherrschaft der Anawrahta-Dynastie (1044-1283) in höchster Blüte stand – zusammen mit dem volkstümlicheren *theravāda*. Viele Skulpturen der *mahāyāna*-Gottheiten stammen aus dieser Zeit. In den Klöstern gab es bis ins 15. Jahrhundert *mahāyāna*-Texte, und noch heute kann man an den Wänden der Tempel bei Pāgan unverkennbar tantrische Gemälde sehen, deren ältere im bengalischen, die jüngeren dagegen im nepalesischen Stil gehalten sind. Die *aris* wurden von den *theravādins* sicher verabscheut, denn sie aßen Fleisch, tranken Alkohol, gebrauchten Zaubersprüche, um sich von Schuld zu reinigen, vollzogen Tieropfer und gaben sich erotischen Praktiken hin. Trotzdem gab es sie bis zum Ausgang des 18. Jahrhunderts.

Die Förderung durch den Hof jedoch ging über auf die

theravādins, und Pāgan blieb bis zu seiner Zerstörung durch die Mongolen im Jahre 1287 ein bedeutendes Zentrum buddhistischer Kultur. Drei Jahrhunderte lang war es Zeuge einer jener Phasen intensiver Religiosität, wie wir sie bereits in China, Korea und Tibet gesehen haben. Auf etwas mehr als zehn Quadratkilometern errichtete man hier 9000 Pagoden und Tempel, deren berühmtester der Ānanda-Tempel aus dem 11. Jahrhundert ist. Die 547 Geburtslegenden des Buddha *(jātakas)* sind hier auf glasierten Platten dargestellt.

Nach dem Zusammenbruch der Hauptdynastie war Birma 500 Jahre lang in kriegführende Reiche gespalten. Die *theravāda*-Tradition jedoch bestand weiter, wenn auch weniger glanzvoll als vorher. Das Ende des 15. Jahrhunderts erlebte den endgültigen Sieg der singhalesischen Schule, als König Dhammaceti von Pegu aus Ceylon wieder eine kanonisch gültige monastische Sukzession einführte. 1752 wurde Birma wieder geeint. Nach 1852 förderte das Herrscherhaus tatkräftig den *saṅgha*, und in den Jahren von 1868 bis 1871 berichtigte ein Konzil in Mandalay den Text des *Tipiṭaka*, der dann auf 729 Marmortafeln eingraviert wurde. Das Erscheinen der Engländer im Jahre 1885 fügte dem *saṅgha* großen Schaden zu, indem dadurch die zentrale geistliche Gewalt zerstört wurde. Im Unabhängigkeitskampf spielten die Mönche eine führende Rolle. In jüngster Zeit hat man versucht, den Buddhismus mit dem Marxismus zu verbinden. Auch wurde eine neue Methode der Meditation empfohlen, die durch Verwendung tantrischer Praktiken zu schnelleren Ergebnissen führen soll.

Der birmanische Buddhismus ist auf die Bewahrung der *theravāda*-Orthodoxie gerichtet und hat keinen kreativen Beitrag zum buddhistischen Denken geleistet. Die Auseinandersetzungen blieben stets auf Äußerlichkeiten des *vinaya* beschränkt, und die umfangreiche Literatur besteht aus Werken über Grammatik, Astrologie und Medizin sowie aus Kommentaren und Bearbeitungen der *jātakas*. Die 37 *nats*, das heißt »Geister«, werden generell um ihre Gunst gebeten, doch ist das wichtigste Mittel, sich Verdienste zu erwerben, der Bau einer Pagode, was dazu geführt hat, daß das Land mit ihnen übersät ist. Der *saṅgha* hat sich dem Volk nicht entfremdet, Klöster und Schreine liegen in der Nähe der Siedlungen, damit sie den Laien leicht zugänglich sind, und jeder Laie wird eine Zeitlang zum »Novizen« und erhält Unterricht in den Klöstern. Die Bevölkerung des Landes, von der 85 Prozent Buddhisten sind, hatte sich lange Zeit durch einen hohen Bildungsstand ausgezeichnet. Der Buddhismus war im Leben Birmas von großer zivilisatorischer Bedeutung. Er hat die rassischen Rivalitäten dämpfen helfen, ein gesellschaftliches Leben in demokratischem Sinne begünstigt, indem er die Bedeutung von Besitz und Kastenzugehörigkeit auf ein Minimum reduzierte, hat Schönheit und Wissen gebracht, und vor allem hat er ein ungewöhnlich fröhliches, höfliches und liebenswertes Volk hervorgebracht.

Der *theravāda*-Buddhismus entwickelte sich in dieser Zeit auch in Siam (Thailand) und Indochina zur bestimmenden Kraft. Die Thais hatten aus ihrer chinesischen Heimat eine gewisse Form des Buddhismus mitgebracht, aber im 14. Jahrhundert wurde der ceylonesische *theravāda* eingeführt. Die Hauptstädte – zuerst Ayuthia (1130-1767) und dann Bangkok (nach 1770) – sind prachtvolle buddhistische Großstädte mit herrlichen religiösen Bauwerken und wunderbaren Buddhastatuen. Der Buddhismus ist Staatsreligion, alle einheimische Kultur ist mit ihm verknüpft, und der König ist nicht nur in Worten, sondern auch in Taten der »Schützer des *dhamma*«. Die buddhistischen Bräuche werden streng befolgt, und auf die rhythmische Rezitation von Pāli-Texten wird großer Wert gelegt. Wie in Birma werden Bitten nicht an den Buddha gerichtet, sondern an lokale Gottheiten und Baumgeister.

Stand das *tantrayāna* in *Kambodscha* im 11. Jahrhundert noch in voller Blüte, so wurde es infolge des Drucks, den die Thais ausübten, nach 1300 allmählich durch den *theravāda* ersetzt, und im 15. Jahrhundert wurde dann die ceylonesische Orthodoxie eingeführt. Auch hier liegen Erziehung und Bildung in den Händen der Mönche, und auch hier hatte der Buddhismus einen veredelnden Einfluß und ein sanftes, freundliches und hilfsbereites Volk hervorgebracht. Die *neaca-ta*, die Erdgeister, spielen ebenfalls eine Rolle, und chinesische Einflüsse – erkennbar beispielsweise an den Mi-lei-fo in den Tempeln – mischen sich mit indischen, wie die Nāgas, Garuḍas und viergesichtigen Śivas in der Architektur zeigen.

Die Geschichte des Buddhismus in *Laos* ist in Legenden gehüllt. Er scheint im 14. Jahrhundert von Khmer-Einwanderern eingeführt worden zu sein. Gegenwärtig ist er von der Art des thailändischen, wobei stärkere Betonung auf den Nāgas liegt. *Annam* schließlich, das seit dem Jahr 1000 unabhängig ist, gehört kulturell zu China; das *mahāyāna* hat dort lange Zeit bestanden.

In *Indonesien* hat sich der tantrische Buddhismus gehalten, bis er vom Islam unterdrückt wurde: in Sumatra gegen Ende des 14. Jahrhunderts, in Java vom 15. Jahrhundert an. Seinem endgültigen Zusammenbruch ging eine langsame Abnahme des Hindu-Einflusses auf die Kultur und ein Wiedererstarken einheimischer Elemente voraus. Der in dieser Zeit vorherrschende Tantrismus war ein radikales System, das die Übung der fünf, »von aller Sinnlichkeit freien«, *makāras* vorschrieb und Vairocana als Ur-Buddha betrachtete. Es verschmolz das *kālacakra*, den Buddhismus des Zeitrades, mit der Verehrung des Śiva Bhairava zu einem Śiva-buddhistischen Kult, der hauptsächlich der Erlösung der Seelen der Toten gewidmet war, wobei er mit dem einheimischen indonesischen Brauchtum in Einklang stand. Einige der herrlichsten buddhistischen Bildhauerarbeiten wurden auf Java unter der Singhasari-Dynastie (1222-1292) geschaffen. Sie stellen die Könige dieses Herrscherhauses in Stein gehauen u. a. als Amoghapāśa, Akṣobhya und ihre Königinnen u. a. als Prajñāpāramitā dar.

Obwohl die Song-Kaiser dem Buddhismus gegenüber im großen und ganzen positiv eingestellt waren, verlor er in dieser Periode an Wirksamkeit. Etwa nach dem Jahre 1000 verdrängten zwei Schulen alle übrigen: der Amidismus des Glaubens und die meditative Schule des *chan*. Innerhalb des *chan* hatten sich fünf Richtungen herausgebildet, genannt die »Fünf Schulen«. Alle *chan*-Buddhisten glauben gleichermaßen, daß das eigene Herz der Buddha ist, aber offenbar gibt es in den Herzen der Menschen große Unterschiede, und diese müssen sich unvermeidlich in unterschiedlichen Methoden und Einstellungen widerspiegeln. Was die »Fünf Schulen« voneinander unterschied, waren daher weniger dogmatische als technische Verschiedenheiten. Drei der fünf – *weiyangzong*, *yunmenzong* und *fayanzong* – starben schon um die Mitte der Song-Zeit aus. Charakteristisch für die *weiyang*-Schule war eine besondere Lehrmethode, bei der verschiedene Kreise in die Luft oder auf den Boden gezeichnet wurden. Die *yunmen*-Schule ähnelte im allgemeinen der *linji*-Schule, jedoch gehörte es zu ihren speziellen Kunstgriffen, Fragen mit einem einzigen einsilbigen Wort zu beantworten. Die *fayan*-Schule schließlich stand dem Studium der *sūtras* aufgeschlossener gegenüber als die anderen *chan*-Schulen; der Einfluß der *huayan*-Lehren trat hier besonders deutlich hervor.

Die beiden Schulen, die bis heute überlebt haben, sind die von Dongshan Liangjie (807-869) gegründete *caodongzong* sowie die *linjizong*, die auf dessen Zeitgenossen Linji Yixuan (gest. 867) zurückgeht. Die Differenzen zwischen diesen beiden Schulen, die anfänglich nur unterschiedliche Strömungen waren, verfestigten sich erst um 1150 zu verschiedenen Sekten im eigentlichen Sinne des Wortes. Für die *caodong*-Schule war immer ein gewisser Quietismus kennzeichnend. Hongji Zhengjue (gest. 1157) nannte sie daher *mozhaochan*, das »*chan* der stillen Erleuchtung«. Dies weist darauf hin, daß diese Schule das unbewegliche Sitzen in stiller Meditation in den Vordergrund stellte, wodurch oder wobei Erleuchtung bzw. spirituelle Einsicht in die absolute Leere erlangt wird. Die Methoden des Gründers dieser Sekte waren mild und sanft. Er hinterließ seiner Schule eine spezielle Lehre von den »Fünf Rängen«, die auf dem Wege zur Erleuchtung in ganz chinesischer Weise, die zutiefst dem »Buch der Wandlungen« verpflichtet ist, fünf Schulen unterscheidet. Diese Stufen werden durch weiße und schwarze Kreise dargestellt. Vier Lehren werden als für die *caodong*-Schule charakteristisch erwähnt: 1. Alle Wesen haben bei der Geburt die Buddha-Natur und sind folglich essentiell erleuchtet. 2. Solange sie in einem Zustand ruhiger Meditation sind, können sie die Seligkeit der Buddha-Natur uneingeschränkt genießen. 3. Handeln und Wissen müssen einander immer ergänzen. 4. Die strenge Befolgung religiöser ritueller Handlungen muß auf unseren Alltag übertragen werden. Im Gegensatz dazu zog der Gründer der *linji*-Schule es vor, sich Schroffheiten und plötzlicher Grobheiten zu bedienen. Der »Schrei und der Stock« spielten eine wichtige Rolle in den Praktiken dieser Schule, die mehr als alle anderen rationalisierendes Denken bekämpfte und emphatisch die Plötzlichkeit und Unmittelbarkeit der *chan*-Erfahrung betonte.

Während der Song-Zeit entwickelte sich die *chan*-Schule zu einem bedeutenden kulturellen Faktor. Unter den Malern dieser Zeit befanden sich viele *chan*-Mönche, und der Einfluß des *chan* auf die Kunst war beträchtlich. Sogar die neokonfuzianische Renaissance von Zhu Xi und anderen verdankte dem *chan*-Buddhismus viel, ganz so, wie die *vedānta*-Renaissance des Śaṅkara dem *mahāyāna*-Buddhismus verpflichtet gewesen war. Die im *chan* so wichtige Übung des *zuo-chan*, der stillen Meditation, fand als *jing-zuo*, als »Stillsitzen«, Eingang in die Bräuche des Konfuzianismus. Dieser äußere Erfolg brachte Gefahren mit sich und führte zu einer tiefen Krise innerhalb des *chan*. Die *chan*-Meister der Tang-Zeit hatten stets die Hauptstadt gemieden, doch nun unterhielten die Klöster ausgezeichnete Beziehungen zum Hofe und mischten sich stark in die Politik ein. Im ganzen Land entstanden prächtige *chan*-Klöster und wurden zu Brennpunkten des gesellschaftlichen und kulturellen Lebens. Dem Intellektualismus sowie dem Studium der *sūtras* wurden zahlreiche Zugeständnisse gemacht, und innerhalb des *chan*-Lagers kam es zu einer heftigen Kontroverse über deren Bedeutung.

Am radikalsten verwarf die *linji*-Schule die Autorität der *sūtras*. Um der drohenden Dekadenz entgegenzuwirken, entwickelte sie das *gong'an*-System. Der Begriff *gong'an* besteht aus den Schriftzeichen für »Regierung« und »Rechtsfall« und bezeichnet einen Präzedenzfall oder ein verbindliches Modell. In Wirklichkeit ist *gong' an* ein Rätsel, gewöhnlich verbunden mit einem Ausspruch oder einer Handlung eines *chan*-Meisters. Sammlungen solcher *gong' ans* wurden nun veröffentlicht, und jedem einzelnen wurde eine Erklärung beigefügt, die absichtlich nicht das geringste erklärte. Das erste Beispiel für diese neue literarische Gattung war eine Sammlung von 100 Rätseln, das *Biyanlu*, das 1125 erschien. Die zweite berühmte Sammlung ist das *Wumenguan*, das »Torlose Tor«. Es enthält 48 »Fälle« und erschien mehr als ein Jahrhundert später. Im Gegensatz zu dem von der *caodong*-Schule empfohlenen Quietismus trat die *linji*-Schule für unaufhörliche Beschäftigung mit dem gewählten *gong'an* ein, die so lange fortgesetzt werden muß, bis die plötzliche Erleuchtung eintritt. Wie Dahui Zonggao (1089-1163) gesagt hat: »Beschäftige dich ständig, in jedem Augenblick deines Lebens, mit deinem *gong'an*! Ob du gehst oder sitzt, laß deine Aufmerksamkeit ununterbrochen darauf gerichtet. Wenn du anfängst, es völlig schal und ohne Würze zu finden, dann ist der entscheidende Moment nahe: laß es dir nicht entgleiten! Wenn plötzlich etwas in deinem Geist aufblitzt, wird sein Licht das ganze Universum erleuchten, und das spirituelle Reich der Erleuchteten wird sich dir in der Spitze eines einzigen Haares offenbaren, und du wirst das Rad des *dharma* sich in einem einzigen Staubkorn drehen sehen.« So ersetzte in der Song-Zeit eine systematische Methode die individualistische Spontaneität der Tang-Meister. Doch war es diese Systematisierung und – bis zu einem gewissen Grade – Mechanisierung, die das Überleben des *chan* garantierte.

Wann immer philosophische Schulen eine Zeitlang nebeneinander existieren, wird das Ergebnis ein zunehmender Synkretismus sein. Das *chan* war in vielen Punkten mit der *huayan*- und der *tiantai*-Schule verbunden, und oft bediente man sich der Amituofo-Übung zur Intensivierung der *chan*-Meditation. In der Yuan- und der Ming-Zeit kam es sogar zu einer ziemlich vollständigen Verschmelzung der verschiedenen Strömungen des chinesischen Buddhismus. Die Ming und die Mandschus begünstigten den Konfuzianismus, duldeten jedoch den Buddhismus, ja förderten ihn mitunter. Zwei Kaiser – Yongzheng (1723-1735) und Quianlong (1736-1795) – versuchten, eine Form des Buddhismus zu schaffen, die Elemente des chinesischen Buddhismus (Foismus) und des Lamaismus kombinierte und so einerseits bei Chinesen, andererseits aber auch bei Tibetern und Mongolen Anklang finden würde. Der Yonghegong, der Lama-Tempel in Peking, ist ein sichtbares Denkmal für diese Bestrebungen. Die diesen beiden buddhistischen Kultformen eigenen Gottheiten sind hier mit Bedacht zusammengestellt. Sogar Guandi, der chinesische Kriegsgott, und Konfuzius werden unter die *bodhisattvas* gereiht. Die einst blühenden Klöster haben sich nie wieder von der Taiping-Rebellion der »langhaarigen Christen« erholt, die in den 15 Jahren zwischen 1850 und 1865 16 Provinzen verwüsteten sowie 600 Städte und Tausende von Tempeln und Klöstern zerstörten. Dennoch ist der Buddhismus bis heute ein keineswegs zu unterschätzender Faktor im kulturellen und religiösen Leben Chinas geblieben.

In *Korea* erreichte der Buddhismus seinen größten Einfluß unter der Koryo-Dynastie, vor allem zwischen 1140 und

1390. Der Gründer der Dynastie war ein frommer Buddhist, der seinen Erfolg dem Schutz durch den Buddha zuschrieb. Auch seine Nachfolger förderten den Buddhismus unbeirrt. Jeder König wählte einen Bonzen als seinen »Präzeptor« oder Berater. Auf Reisen wurden den Königen die Heiligen Schriften vorangetragen. Kostbare Ausgaben der kanonischen Bücher wurden auf Staatskosten gedruckt – eine von ihnen umfaßt 81 258 Blätter. Über lange Zeiträume war die Regierungsgewalt vollständig in der Hand der Bonzen. Bis zum 12. Jahrhundert war der Adel die Hauptstütze des Buddhismus, doch dann wurde er auch zur Religion des gewöhnlichen Volkes. Starke magische Elemente gingen in den Buddhismus ein, so wie es mit dieser Religion immer geschah, wo sie wirklich volkstümlich wurde. Viele Bonzen wurden Experten in der Verlängerung des Lebens, im Wirken von Wundern, in der Geisterbeschwörung, in der Unterscheidung von günstigen und ungünstigen Zeitpunkten und Orten usw. Im Jahre 1036 schaffte ein Edikt die Todesstrafe ab und bestimmte, daß jeweils einer von vier Söhnen Mönch werden mußte. Die Koryo-Dynastie verwendete riesige Summen für prächtige religiöse Zeremonien und Bauwerke, und zahllose Kunstwerke wurden unter ihr geschaffen. Zur Zeit der Yuan-Dynastie in China, vor allem aber nach 1258, übte der Lamaismus einen beträchtlichen Einfluß aus. Im 14. Jahrhundert beherrschten die Buddhisten Korea fast vollständig. 1310 wurde verfügt, daß die Mönche niemanden zu grüßen brauchten, wohingegen jeder andere ihnen Ehrerbietung erweisen mußte. Jene, die das religiöse Leben gewählt hatten, waren aller materiellen Sorgen enthoben.

Die übertrieben privilegierte Stellung der buddhistischen Religionsgemeinschaft kam mit dem Dynastiewechsel im Jahre 1392 zu einem abrupten Ende. Jetzt gewann der Konfuzianismus die Oberhand. Den Mönchen wurde die staatliche Unterstützung entzogen, sie wurden ihres Anteils am politischen Leben beraubt, ihr Grundbesitz wurde konfisziert, es wurde ihnen verboten, bei Totenfeiern zu beten, die 23 Klöster, die es in Seoul gab, wurden geschlossen, und der Buddhismus wurde ganz allgemein behindert. Als Religion der unteren Bevölkerungsschichten hielt er sich dennoch abseits der Städte in den ziemlich unzugänglichen Diamantbergen. Die Lehre dieses Buddhismus war die übliche chinesische Mischung aus *chan*, Amidismus und lokalem Aberglauben. Zwischen 1910 und 1945 förderten die Japaner den Buddhismus, aber er blieb ziemlich schwach. 1947 zählte man in Korea etwa 7000 Mönche.

6. *Japan*

Während dieses Zeitraums kam es zu einer zweiten Blütezeit des Buddhismus in Japan. Zwischen 1160 und 1260 traten neue Sekten auf, die seinen Charakter völlig veränderten, und der japanische Buddhismus erreichte jetzt den Höhepunkt seiner Originalität und schöpferischen Kraft. In der Kamakura-Zeit (1192-1335) traten die Amida-Sekten und das Zen (chin.: *chan*) in den Vordergrund, wie es in China nach dem Jahr 1000 der Fall gewesen war.

Die erste Amida-Sekte, bekannt als *yūzū Nembutsu*, wurde bereits 1124 von Ryōnin gegründet, der den Weg zur Erlösung in der ständigen Rezitation des *Nembutsu* sah, das heißt im Aufsagen der Formel *Namu Amida Butsu* bis zu 60 000mal am Tag. Er lehrte auch, daß diese Anrufung unendlich verdienstvoller war, wenn sie um anderer willen wiederholt wurde als für eigene selbstsüchtige Ziele. Seine Sekte, obgleich sie noch immer besteht, gebot nie über eine große Gefolgschaft. Weit einflußreicher war die *jōdō*-Sekte (die Schule des »Reinen Landes«), gegründet von Hōnen (1133-1212), einem außergewöhnlich gelehrten und sanftmütigen Priester. Im Jahre 1175 brachten ihn im Alter von 43 Jahren die Schriften des Shandao zu dem Schluß, daß die herkömmlichen sittlichen und geistigen Lehren des Buddhismus in diesem Zeitalter des Verfalls nicht mehr wirksam wären. Was immer wir in einer solchen Zeit aus eigener Anstrengung *(jiriki)* tun können, ist nutzlos. Friede kann nur durch die Kraft eines anderen *(tariki)* gefunden werden, durch Selbstaufgabe und im Vertrauen auf eine höhere Macht, und zwar auf die des Buddha Amitābha (jap.: Amida). Hōnen gab deshalb alle anderen religiösen Praktiken auf und widmete sich ausschließlich der Rezitation von Amidas Namen. Es kommt allein darauf an, »den Namen Amidas aus deinem ganzen Herzen zu wiederholen – ob du gehst oder stillstehst, ob du sitzt oder liegst, höre nie auch nur einen Augenblick damit auf!« In diesen schlimmen Tagen besteht die einzige Möglichkeit, die Erlösung zu erlangen, danach zu streben, in Amidas »Westlichem Paradies« *(jō-dō)* wiedergeboren zu werden. Der »heilige Weg« *(shō-dō)*, der aus guten Werken und religiösen Übungen besteht, ist nicht länger gangbar. Alles, was man braucht, ist der schlichte Glaube an Amida. Dieser wird selbst die größten Sünder in Amidas Gesegnetes Land bringen. Hōnen jedoch zog keine antinomistischen Schlüsse aus dieser Behauptung und gebot seinen Anhängern, Sünden zu vermeiden, die monastischen Regeln zu befolgen und gegen die anderen Buddhas und die *sūtras* keine Unehrerbietigkeit zu zeigen. Seine Lehre hatte bei Hofe, im Adel, bei den Samurai und der Geistlichkeit sofort Erfolg, und die neue Bewegung behauptete sich ohne Schwierigkeit gegen die feindseligen älteren Sekten. Die *jōdō*-Sekte besteht weitgehend unverändert bis heute. Im 14. Jahrhundert jedoch lieferte der siebte Patriarch, Ryōyō Shōgei, eine interessante und gewichtige Reinterpretation. Wiedergeburt im Reinen Land, so sagte er, bedeute nicht, daß man in eine andere Region versetzt werde, sondern das Reine Land sei überall, und dorthin zu gelangen bedeute einen geistigen und charakterlichen Wandel, nicht aber einen Ortswechsel. Hier stimmt er weitgehend mit der Tradition des *mahāyāna* überein.

Eine weitere Vereinfachung des Amidismus nahm Shinran

(geb. 1173) vor, einer der Schüler Hōnens und der Gründer der *shin*-Sekte. Das Wort *shin* ist eine Abkürzung von *jōdō shinshū*, »die Wahre *jōdō*-Sekte«. Shinran brach mit der monastischen Tradition, heiratete und riet seinen Anhängern, dasselbe zu tun. Er betrachtete die ständige Wiederholung des *Nembutsu* als unnötig und behauptete, daß eine einzige Anrufung Amidas mit gläubigem Herzen genüge, um die Geburt in seinem Paradies zu garantieren. Der Glaube an Amida ist jedoch ein freiwilliges Geschenk Amidas. Hinsichtlich des Problems der Ethik vertrat Shinran die Auffassung, daß ein böser Mensch mit größerer Wahrscheinlichkeit in Amidas Land gelange als ein guter, da er wahrscheinlich weniger auf seine eigene moralische Stärke und seine eigenen Verdienste vertraue. Die Geistlichen dieser Sekte lehnten alle Gelehrsamkeit ab. Da die Lehre jedoch zu Mißverständnissen einlud, entwickelte man im Laufe der Zeit beträchtliche theologische Spitzfindigkeiten. Die Andachtsbräuche dieser und anderer Amida-Sekten führten zur Vermehrung von Bildnissen Amidas, auf den auch geistliche Lieder in japanischer Sprache *(wasan)* verfaßt wurden. Shinrans Ziel war es, die Schranken zwischen der Religion und dem einfachen Volk niederzureißen, und in der Tat wurde *jōdō-shinshū* zu einer der volkstümlichsten Sekten und ist es bis heute geblieben.

Weniger erfolgreich war die von Ippen im Jahre 1276 gegründete dritte amidistische Sekte. Sie nannte sich ji, »die Zeit«, um anzudeuten, daß es die diesen entarteten Zeiten angemessene Religion sei. Ippen identifizierte eine Reihe von Shintō-Gottheiten aus der Tradition des *ryōbu*-Shintō mit Amida, doch was das *Nembutsu* betraf, so hielt er sogar den Glauben für überflüssig, denn ist er nicht eine Tätigkeit des verdorbenen menschlichen Geistes? Die Rezitation von Amidas Namen ist wirksam allein durch den Klang, gewissermaßen *ex opere operato*.

Die vierte Erbauungssekte, die im Jahre 1253 von Nichiren, dem Sohn eines Fischers, gegründet wurde, unterscheidet sich von allen anderen buddhistischen Sekten durch ihre nationalistische, kämpferische und intolerante Haltung, und in gewisser Weise läßt sich bezweifeln, daß sie überhaupt zur Geschichte des Buddhismus gehört. Der patriotische Eifer Nichirens erklärt sich aus der Tatsache, daß die nationalistischen Gefühle zu jener Zeit durch die seit langem drohende Gefahr einer Mongoleninvasion entfacht waren, die erst endgültig gebannt war, nachdem die Kriegsflotten Kubilai Khans in den Jahren 1274 und 1281 zurückgeworfen waren. Nichiren ersetzte das *Nembutsu* durch *Namu Myōhō Renge-kyō,* »Ehre dem *sūtra* vom Lotos des Guten Gesetzes!«, und erklärte, daß allein diese Formel der gegenwärtigen Periode in der Geschichte des Buddhismus, das heißt der des *mappō,* »der Zerstörung des Gesetzes«, angemessen sei, die ihm zufolge um 1050 n. Chr. begonnen hatte. Nichiren sprach stets mit der Leidenschaftlichkeit eines hebräischen Propheten und forderte die Unterdrückung aller Sekten mit Ausnahme seiner eigenen. »Denn das *Nembutsu* ist die Hölle, die Zen-Buddhisten sind Teufel, *shingon* ist ein nationaler Verderb und die Anhänger der *risshū*-Sekte sind Landesverräter.« Damit hatte der Buddhismus aus sich selbst seine eigene Antithese entwickelt.

Was das Zen betrifft, so führte Eisai (1141-1215) die *linji*-Schule in Japan ein, wo sie als *rinzai*-Sekte bekannt wurde und großen Erfolg hatte. Die *caodong*-Schule dagegen wurde in Japan *sōtō*-Sekte genannt, von Dōgen eingeführt und dann von Keizan Jokin (1268-1325) organisiert und popularisiert. Dōgens Hauptwerk, »Das Auge des Wahren Gesetzes«, wurde auf japanisch geschrieben, so daß jedermann es lesen konnte. Obgleich seine Generation eindeutig in die Niedergangszeit des Buddhismus gehört, behauptete er, daß dies für erhabene Geister kein Grund wäre, weniger anzustreben als Einsicht in die höchste Wahrheit. Gegen die intellektualistischen Entstellungen des Buddhismus behauptete er, daß »die Kenntnis des Weges nur mit dem eigenen Körper erlangt werden kann«. *Zazen,* das »Sitzen mit gekreuzten Beinen«, ist keine Folge von Meditationsübungen, bei denen man darauf wartet, daß die Erleuchtung eintritt, sondern Erleuchtung ist ein der Zen-Meditation von Anfang an inhärentes Prinzip, und sie sollte als eine absolut reine religiöse Übung praktiziert werden, mit der nichts bezweckt und nichts gewonnen wird. Alles ist Buddha-Natur, und diese wiederum ist nicht mehr als »ein Eselskinn oder ein Pferdemaul«. Die japanische *sōtō*-Sekte erhebt den Anspruch, über den Entwicklungsstand, den die Mutterschule in China erreicht hatte, hinausgegangen zu sein. Als ein Beispiel dafür führt sie ihren Glauben an, daß alles alltägliche Tun als Übung nach dem Erlangen der Erleuchtung angesehen werden sollte, da der Mensch von Geburt an erleuchtet sei, und daß sie daher als Akt der Dankbarkeit gegenüber dem Buddha *(gyojiho-on)* vollzogen werden sollte.

Das Zen verbreitete sich vor allem in seiner *rinzai*-Gestalt bald unter den Samurai, gemäß dem Sprichwort: »*Rinzai* ist für einen General und *sōtō* für einen Bauern.« Auf diese Weise führte das Zen zum Kult des *bushido,* dem »Weg des Kriegers«. Diese enge Verbindung mit der Klasse der Krieger ist eine der erstaunlichsten Wandlungen des Buddhismus. Das Zen stimulierte in hohem Maße den den Japanern eigenen Schönheitssinn *(mono-no-aware).* Wie einst in China das *chan,* so regte das Zen in Japan seit dem Ende der Kamakura-Zeit nicht nur Architektur, Bildhauerei, Malerei, Kalligraphie und Töpferkunst an, sondern auch Dichtkunst und Musik. Die engen Bindungen zwischen dem Zen und dem japanischen Nationalcharakter sind oft hervorgehoben worden. Die buddhistische Literatur wurde überdies um zwei neue literarische Formen bereichert: das Nō-Drama und die sogenannten »Abschiedslieder«. In einer von den Samurai beherrschten Kultur war der Tod eine allgegenwärtige Realität, und die Überwindung der Todesangst wurde einer der Zwecke der Zen-Übungen. Unter den Ashikaga-Shōgunen (1335-1573) wurde das Zen durch die

Regierung gefördert. Sein kultureller Einfluß war damals auf dem Höhepunkt, und es konnte sich in der gesamten Gesellschaft ausbreiten, da es konkretes Handeln stärker betonte als spekulatives Denken. Handlungen müssen einfach sein und doch tiefe Bedeutung haben. »Schlichte Eleganz« *(wabi* und *sabi)* wurde zum anerkannten Ideal der Lebensführung. Im 16. Jahrhundert wurde die Teezeremonie von den Zen-Meistern in ein System gebracht. Zur selben Zeit waren viele Künstler der Überzeugung, daß »Zen und Kunst eins sind«. Sesshu (1420-1506) ist der bekannteste unter ihnen.

Nach 1500 geriet der japanische Buddhismus in eine Krise. Seine schöpferische Kraft war geschwunden, und nun wurde seine politische Macht gebrochen. Im Jahre 1571 zerstörte Nobunaga die *tendai*-Festung auf dem Hieizan, und im Jahre 1585 Hideyoshi das große *shingon*-Zentrum von Negoro. Unter den Tokugawa (1603-1867) kam es zu einer Wiederbelebung des Konfuzianismus und später, im 18. Jahrhundert, des militanten Shintoismus. Der Buddhismus trat in den Hintergrund, und die Organisation und Tätigkeit der Mönche wurde von der Regierung sorgfältig überwacht, wobei sie zwar die Einnahmen der Kirche garantierte, zugleich aber alles tat, um zu verhindern, daß sich in ihr ein unabhängiges Leben entwickelte. Der Buddhismus versank in einen Zustand der Erstarrung. Die Traditionen der Sekten jedoch wurden bewahrt. Allein die Zen-Sekte zeigte eine gewisse Lebenskraft. Im 17. Jahrhundert brachte Hakuin die *rinzai*-Sekte zu neuem Leben, die ihn daher als ihren zweiten Gründer betrachtete. Der Dichter Bashō entwickelte einen neuen Stil der Dichtung, und im Jahre 1655 wurde aus China eine dritte Zen-Schule eingeführt, die in Japan als *ōbaku*-Sekte immer ausgeprägte chinesische Züge bewahrte.

Im Jahre 1868 wurde der Buddhismus weitgehend seiner Einnahmequellen beraubt, und kurze Zeit schien es, als ob er völlig aussterben würde. Nach 1890 jedoch gewann er ständig wieder an Einfluß, und 1950 waren zwei Drittel der Bevölkerung mit der einen oder der anderen Hauptsekte verbunden. Mehr als in irgendeinem anderen buddhistischen Land hat sich der Buddhismus bislang in Japan den Erfordernissen des modernen Lebens und der Herausforderung durch das Christentum angepaßt. In jüngster Zeit hat das japanische Zen in Europa und Amerika großes Interesse geweckt, und in D. T. Suzuki hat es einen hervorragenden Interpreten gefunden.

7. *Tibet*

Um das Jahr 1000 n. Chr. kam es, initiiert von ein paar Enthusiasten, die im äußersten Osten und Westen des Landes lebten, wo der Druck der Verfolgung weniger zu spüren gewesen war, zu einer Wiederbelebung des Buddhismus. Sie stellten bald wieder die Verbindung zu Indien und Kaschmir her, das einige von ihnen selbst besuchten, und auch indische Lehrer wurden wieder eingeladen. Die hervorragendste Persönlichkeit unter diesen Erneuerern war Rinchen bzang-po (958-1055), der nicht nur als Übersetzer hervortrat, sondern auch als Erbauer von Tempeln und Klöstern in Westtibet. Von entscheidender Bedeutung war auch die Ankunft Atīśas im Jahre 1042, der auf Einladung des Königs von Westtibet Vikramaśīla verlassen hatte und später auch in Zentraltibet das *mahāyāna* einführte, wie es sich unter der Pāla-Dynastie herausgebildet hatte. Im Jahre 1076 fand in mTholing in Westtibet ein großes Konzil statt, auf dem sich Lamas aus allen Teilen Tibets trafen. Dieses Jahr bezeichnet für viele die endgültige Etablierung des Buddhismus in Tibet. Atīśas Leistung beschränkte sich nicht auf die Wiedereinführung der buddhistischen Religion im ganzen Land. Er schuf auch ein heute noch in Tibet gebräuchliches System der Zeitrechnung, das jedes Jahr durch seine Stellung in einem sechzigjährigen Zyklus bestimmt, der sich aus der Kombination der fünf Elemente (Erde, Eisen, Wasser, Holz und Feuer) mit den 12 Tieren des buddhistischen Tierkreises (Hund, Eber, Maus, Ochse, Tiger, Hase, Drachen, Schlange, Pferd, Schaf, Affe und Vogel) ergibt. Ohne dieses Zeitrechnungssystem wäre das Werk der Historiker, die später einen der Höhepunkte der tibetischen Literatur bilden sollten, unmöglich gewesen. Doch dies ist nicht alles. Eine der Schwierigkeiten des Buddhismus als eine Lehre ist es, daß sie eine solche Fülle von Doktrinen und Methoden hat, daß man sich einen Leitfaden und ein Klassifikationssystem wünschen würde. Atīśa lieferte dies in seiner »Lampe, die den Weg zur Erleuchtung erhellt«. Er unterscheidet darin die Praktiken nach drei Ebenen spiritueller Entwicklung. Auf der niedrigsten Stufe stehen jene, die das Glück in dieser Welt zu erlangen suchen und nur ihr eigenes Interesse im Auge haben. Auf der zweiten Stufe stehen jene, die zwar auch auf ihre eigenen Interessen bedacht sind, aber auf eine intelligentere Weise, indem sie ein tugendhaftes Leben führen und nach Läuterung streben. Auf der dritten und letzten Stufe stehen jene, denen die Erlösung aller am Herzen liegt. Erst 300 Jahre später, mit Tsong-kha-pa, kam dieses Handbuch voll zur Wirkung.

Im Laufe der 400 Jahre bildeten sich Sekten, die von Tibetern selbst gegründet wurden und den tibetischen geistigen und sozialen Verhältnissen angepaßt waren. Eine jede von ihnen zeichnete sich in einem der Dinge aus, die das spirituelle Leben des Buddhismus ausmachen. Die Sekten unterscheiden sich in ihrer monastischen Organisation, ihrer Kleidung, ihren Schutzgottheiten, ihrer Deutung des Ādi-Buddha sowie in den jeweils bevorzugten Meditationstechniken usw. Sie haben sich jedoch gegenseitig beeinflußt und haben viel voneinander übernommen.

Die erste dieser Sekten war die um 1050 von 'Brom-ston, einem Schüler Atīśas, gegründete *bKa'-gdam-pa*-Sekte. Sie leitete ihren Namen von dem Umstand ab, daß sie der

»autoritativen Botschaft« Atīśas folgte, wie sie in seinem Buch über den »Weg zur Erleuchtung« aufgezeichnet ist. Sie verkörpert die zentrale Tradition des tibetischen Buddhismus und stellt das Bindeglied dar zwischen den indischen Gelehrten der ersten Periode und der Gelben Kirche, die Tibet nach 1400 beherrschte. Sie achtete streng auf Moral und monastische Disziplin, war strikt zölibatär und brachte zahlreiche fromme und gelehrte Männer hervor.
Einen viel engeren Kontakt zum Leben des Volkes erreichte die von Marpa (1012-1097) gegründete *bKa'-rgyud-pa*-Sekte. Sie wurde im Laufe der Zeit zur tibetischsten aller Sekten. Eine Zeitlang besaß sie auch weltliche Macht, aber stets weniger als die Sekten der *Sa-skyapas* und *dGe-lugs-pas*. Sie strebte weniger nach theoretischem Wissen als nach seiner praktischen Verwirklichung. Sie ist noch immer eine der stärksten »unreformierten« Sekten und hält die Heirat nicht für ein Hindernis auf dem Weg zur Heiligkeit. Die Biographien ihrer Lehrer zeigen uns keine typisierten Heiligen, sondern lebendige menschliche Wesen mit all ihren Unvollkommenheiten und Schwächen. Aus ihren Reihen kam Mi-la ras-pa (1040-1123), Tibets größter und volkstümlichster Heiliger und Dichter, ein unmittelbarer Schüler Marpas. Jeder in Tibet hat einige seiner »Hunderttausend« Gesänge gehört, und jeder ist mit den wichtigsten Ereignissen seines Lebens vertraut: wie er die Schwarzen Künste erlernte und sich an den Feinden seiner Familie rächte, indem er ein Haus über ihnen zusammenstürzen ließ und ihre Felder durch Hagel vernichtete; wie er bald seine Schuld erkannte, fürchtete, in der Hölle wiedergeboren zu werden, und sich durch die »direkten Methoden« des *vajrayāna* zu läutern suchte. Wie er im Alter von 38 Jahren Marpa fand, der ihn sechs Jahre quälte, um es ihm so zu ermöglichen, sich allmählich von seinen bösen Taten zu lösen; wie er mit 48 als reif für die Initiation gehalten wurde; und wie er dann die restlichen 39 Jahre seines Lebens als Einsiedler nahe der nepalesischen Grenze im Hoch-Himalaya lebte oder umher-

wanderte und Leute bekehrte, bis er an vergifteter Milch starb, der Gabe eines eifersüchtigen Lama. Einige der dramatischsten Episoden seines Lebens ereigneten sich in den ersten Jahren nach seiner Initiation, als er allein in einer Höhle lebte, nur Kräuter aß, bis er sich grün färbte und in der eisigen Kälte des Winters nichts als sein dünnes Baumwolltuch trug. Nie verließ ihn seine Gleichgültigkeit gegenüber Besitz und Bequemlichkeit, ebensowenig wie seine Wohltätigkeit gegenüber allem Lebendigen. Die reiche Literatur dieser Sekte besteht großenteils aus kleinen Lehrbüchern verschiedenartiger Yoga-Praktiken. In ihrem Bemühen um Anwendbarkeit widmeten diese der *gtum-mo*, der Kunst, »magische Wärme« zu erzeugen, ohne die ein Leben in den Einsiedeleien nicht möglich wäre, besondere Aufmerksamkeit. Es ist dies etwas, woran auch ein Durchschnittsmensch Gefallen finden und was ihn von der Wahrheit und Wirksamkeit des Yoga überzeugen kann.
Eine Sonderform der *prajñāpāramitā*-Lehre war einer kleinen Elite, den *Zhi-byed-pas*, den »Friedensmachern« vorbehalten. Diese um 1090 gegründete Sekte hatte eine weit größere religiöse als gesellschaftliche Bedeutung. Sie war weniger gut organisiert als die anderen Sekten und bestand aus vereinzelten Gruppen von Yogins, Einsiedlern oder Mystikern, die sich einsamer Meditation widmeten. Ihre Lehre geht ursprünglich auf Pha-dam-pa zurück, einen indischen Lehrer aus Südindien, der seinerseits viel der Theorie des *mādhyamika*-Anhängers Āryadeva verdankte. Es handelt sich dabei um eine tantrische Umformung der wesentlichen spirituellen Botschaft des Buddhismus. Das spirituelle Leben besteht aus zwei Stufen: 1. Reinigung durch Abschneiden der Leidenschaften und 2. Befriedung, bestehend in der Beseitigung aller Leiden und der Erlangung seelischer Gelassenheit. Zur Erreichung der ersten Stufe verließen sie sich auf Meditationspraktiken, die darauf abzielten, die bösen Geister zu vertreiben, die uns zu verderbten Gedanken verführen, und zur Erlangung der

zweiten Stufe vertrauten sie weitgehend auf die Wiederholung von *mantras* wie jenem des »Herz-*sūtra*«, das alle Leiden mildert, oder von kurzen Aussprüchen wie »Krankheit«, »Freude«, »Tod« und »Glück«. Der strahlende Glanz priesterlicher Macht sollte uns nicht blind machen für das stille Wirken dieser dem Irdischen entrückten Leute.

Weltlicher waren die *Sa-skya-pas*, die ihren Namen von dem 1073 gegründeten Kloster Saskya ableiten. Sie bildeten das Gegengewicht zu den *bKa'-gdam-pas* und *Zhi-byed-pas*, indem sie auf dem Gebiet gesellschaftlicher Organisation Hervorragendes leisteten. Nach dem Untergang der Monarchie war Tibet ohne Zentralgewalt. Die Äbte des Klosters Saskya nahmen jetzt die Zügel der Regierung in die Hand, wobei ein jeder die Herrschaft an seine Söhne weitergab. 'Phags-pa (1235-1280) war einer der bedeutendsten dieser neuen Erbregenten von ganz Tibet, und seine Stellung wurde von Kubilai Khan als solche anerkannt. Diese Sekte hat viele große Gelehrte hervorgebracht. Sie existiert noch immer, ihre weltliche Macht aber hat sie vor langer Zeit eingebüßt. Diese war durch zunehmende Diesseitigkeit erkauft worden. Die Mönche der großen Klöster hatten sich – so wie die japanischen derselben Zeit – zu großen Banden formiert, die sich gegenseitig Schlachten lieferten, die Klöster plünderten und ein Verhalten an den Tag legten, das den von ihnen vertretenen Lehren unwürdig war.

Unsere Kenntnisse über die außerordentlich mächtige *rNying-ma-pa*-Sekte, die »Alten«, die Anhänger des Padmasambhava, reichen nicht aus, um zu wissen, wie sie die lange Zeit der Verfolgung überdauert hat. Möglicherweise überlebten viele in der Maske von Bon-Priestern. Ebensowenig können wir mit Sicherheit sagen, was in ihrer Lehre in Wirklichkeit späteren Entwicklungen zuzuschreiben ist und was auf Padmasambhava selbst zurückgeht. Die Organisation der Sekte scheint bis 1250 zurückzugehen. Sie ist das Werk von *guru* Chos dbyang. Die *rNying-ma-pas* selbst unterscheiden in ihrer Überlieferung zwei Stadien: die *bka'*-

mas, die Sprüche der indischen Meister, und die *gtermas*, die »Vergrabenen Schätze«, das heißt die angeblich von Padmasambhava oder dem Ādibuddha versteckten Schriften. Zwischen 1150 und 1550 wurde eine beträchtliche Anzahl von *gter-mas* ausgegraben, und ihre Entdeckung machte es leicht, religiöse Neuerungen zu verschleiern. Auf diese Weise wurde um 1350 auch die Biographie »entdeckt«, die wir von Padmasambhava haben. Viele dieser *gter-mas* bewahren jedoch uralte Überlieferungen. Besonders offensichtlich ist dies bei dem *bar-do thos-grol*, dem berühmten Totenbuch.

Die *rNying-ma-pas* unterscheiden sechs Arten von *bar-dos*, das heißt von Erfahrungen, die in dem Sinne »Zwischenzustände« sind, als sie irgendwo zwischen dieser Welt der gewöhnlichen Sinneswahrnehmung einerseits und andererseits dem rein geistigen Reich des *nirvāṇa* liegen. Die ersten drei *bar-dos* ereignen sich 1. im Mutterleib während der Monate vor der Geburt, 2. in bestimmten kontrollierten Träumen und 3. im Verlauf tiefer Trance. Die anderen drei *bar-dos* sind außerdem noch »intermediär« in dem Sinne, daß sie in der 49 Tage dauernden Spanne zwischen Tod und erneuter Empfängnis (s. S. 42) eintreten. Während dieser Zeit ist an die Stelle des gewöhnlichen physischen eine Art feinstofflicher oder »ätherischer« Körper getreten. Das »Totenbuch« beschreibt anschaulich und bis in gewisse Einzelheiten die Visionen, welche in dieser Zwischenzeit voraussichtlich denjenigen widerfahren, die von der Tradition des Lamaismus durchdrungen sind. In diesem Buch ist etwas von dem alten steinzeitlichen Wissen über das Leben nach dem Tod bewahrt, das überraschende Ähnlichkeiten mit anderen Überlieferungen aufweist, wie sie sich in ägyptischen, persischen und christlichen Schriften finden. Sehr alt ist auch die Zeremonie des *gČod*, von der wir aus einer Beschreibung durch einen Autor des 14. Jahrhunderts wissen und die darauf zielt, jede Bindung an das Selbst »abzuschneiden«, indem man den gierigen Dämonen an

einem einsamen und verlassenen Ort den eigenen Körper als Opfer anbietet.
Die *rNying-ma-pas* unterscheiden sich von den anderen Sekten darin, daß sie sich gerade dessen bedienen, was sonst im allgemeinen verworfen wird, wie Wut, sinnliche Begierde oder der leibliche Körper. Was im allgemeinen als eine Fessel und eine Quelle des Bösen angesehen wird, wird hier als ein Mittel zur Förderung eines gesteigerten spirituellen Lebens benutzt. Insgesamt stimmen ihre Vorstellungen mit denen des linkshändigen *tantra* in Indien überein. Die Reihenfolge ihrer Übungen ist folgende: 1. Die geistige Erschaffung von Schutzgottheiten *(yi-dam)* mit der Hilfe von *mantras*, Visionen und Ḍākinīs (s. S. 90); 2. die Beherrschung des okkulten Körpers mit seinen Arterien, Sperma usw.; 3. die Verwirklichung der wahren Natur des eigenen Geistes. Samantabhadra, der dem Vairocana entsprechende himmlische *bodhisattva*, ist die Quelle der höchsten Offenbarung über das dritte Stadium. »Soheit, einschließlich deiner selbst, ist ihrem Wesen nach nicht verstrickt – warum solltest du also versuchen, dich zu befreien? Sie ist ihrem Wesen nach nicht irreführend – warum solltest du also die Wahrheit getrennt von ihr suchen?« Auf diese Weise wird die in der buddhistischen Morallehre enthaltene Repression verworfen. Eine ausgeglichene Persönlichkeit unterdrückt sinnliche Begierde, Wut usw. nicht, sondern weist ihnen den rechten Platz zu. In ihren tiefsten Lehren hat diese Schule insofern große Ähnlichkeit mit dem chinesischen *chan*, als die höchste Form des Yoga in der Verwirklichung der wahren Natur des eigenen Geistes besteht. Wie die *chan*-Schule spricht auch sie über Erleuchtung in einem etwas unindischen Sinne (s. S. 112). Der Mensch, der hier und jetzt das *nirvāṇa* erlangt hat und dessen Handlungen unabhängig sind vom Kausalprinzip, ist fähig, seinen Körper in einem Regenbogen verschwinden zu lassen. Die *rNying-ma-pas* konzentrierten sich auf esoterische Lehre und Selbstverwirklichung und zogen intuitive Einsicht mitteilbarem Wissen vor. Bis vor

etwa 100 Jahren trieben sie keine akademischen Studien wie die *dGe-lugs-pas.* Dann wurden sie an einigen Orten nach dem Muster ihrer Konkurrenten eingeführt.

Die *rNying-ma-pa*-Sekte hat ständig mit den anderen um die Macht gekämpft, und obgleich sie mehrmals versucht hat, die Herrschaft über das Land zu erlangen, konnte sie sie nie auf Dauer behalten. Das lag weniger an der größeren geistigen Kraft ihrer erfolgreichen Rivalen als an deren überlegener politischer Begabung. Der Einfluß der *rNying-ma-pas* auf das Volk war jedoch so groß, daß die anderen Sekten ihnen Zugeständnisse machen mußten. Viele ihrer magischen Praktiken sind den anderen Buddhisten weniger deshalb suspekt, weil sie sie für unwirksam halten, als vielmehr, weil sie ein unziemliches Interesse an irdischem Wohlergehen zu verraten scheinen. Wollen die *dGe-lugs-pas* die Zukunft voraussehen, dann wahrsagen sie gewöhnlich nicht selbst, sondern beauftragen damit einen Orakelpriester aus den Reihen der »Alten«. Die *rNying-ma-pas* haben viele Bon-Lehren übernommen, und sie sind es, bei denen Buddhismus und Bon in ständiger Wechselbeziehung miteinander stehen. Man hat ihnen oft vorgeworfen, daß sie sich zum Niedrigsten herabließen, doch gibt es keinen Grund, daran zu zweifeln, daß sie nicht trotzdem – oder vielleicht gerade deshalb – ebenso in der Lage waren, das Höchste zu gewinnen wie ihre »reineren« Kollegen.

Den Sieg über die *rNying-ma-pas* trugen schließlich die *dGe-lugs-pas* davon, die »Tugendhaften«, eine von Tsong-kha-pa (1327-1419), dem letzten großen Denker der buddhistischen Welt gegründeten Sekte. Er war ein Reformator, der Atīśas Werk fortführte. Er bestand auf der Einhaltung der moralischen Vorschriften und der monastischen Disziplin, regelte den Tagesablauf der Mönche aufs genaueste, reduzierte die Bedeutung der Magie, indem er die spirituelle Seite des Buddhismus betonte, und gründete die »Gelbe Kirche«, die Tibet bis 1950 regiert hat. Er war ein ganz hervorragender Gelehrter, der, um Einseitigkeit zu vermeiden, auf jede

Weise eine Position zwischen den Extremen zu finden und enzyklopädische Universalität zu erlangen suchte. Die vielen Schüler, die Gründung reicher und mächtiger Klöster sowie die 16 Bände seiner Gesammelten Werke verliehen seinem Einfluß Dauer. Unter diesen Büchern sind zwei Kompendien zu erwähnen, die den Weg zur Erlösung zeigen, das eine durch die sechs Vollkommenheiten des *mahāyāna*, das andere durch tantrische Praktiken. Das erstere, der »Stufenweg zur Erleuchtung«, hat Atīśas Handbuch (s. S. 144) zum Vorbild, aber es schenkt den nicht besonders Begabten größere Beachtung. Nach seinem Tode wurde Tsong-kha-pa zum Gegenstand inbrünstiger religiöser Verehrung, und man glaubt, daß er jetzt wie ein künftiger Buddha im *tuṣita*-Himmel wohnt.

Neben der Bildung einheimischer Schulen zählen drei bedeutende Leistungen zu den Verdiensten des tibetischen Buddhismus jener Zeit. Die erste ist die Kodifizierung der kanonischen Literatur in zwei riesigen Sammlungen, dem *Kanjur (bKa-'gyur)*, für die *sūtras*, das heißt die »Übersetzung der Worte (des Buddha)«, im 13. Jahrhundert, und dem *Tanjur (bstan-'gyur)*, für die *śāstras*, das heißt die »Übersetzung der Lehrbücher«, im 14. Jahrhundert. Der *Kanjur* wurde zum ersten Mal in Peking um 1411 gedruckt, und beide Sammlungen wurden 1731 bzw. 1742 in sNarthang zum ersten Mal in Tibet gedruckt. Zahlreiche weitere Ausgaben folgten, und der Kanon wurde in dieser umfassenden, präzisen, autoritativen und leicht zugänglichen Gestalt zum Rückgrat aller buddhistischen Studien in Tibet.

Die zweite Leistung ist die Schöpfung einer umfangreichen einheimischen Literatur – von Handbüchern, Kommentaren, Subkommentaren usw. Auf einem literarischen Gebiet haben die tibetischen Buddhisten alle anderen übertroffen: auf dem der Geschichtsschreibung. Das historische Interesse der Tibeter ist verknüpft mit der Art und Weise, in der sie die Entwicklung des Buddhismus in Beziehung zum historischen Buddha sehen. Der volle Sinn und die Bedeutung des *dharma* des Buddha, so glauben sie, hat sich im Verlaufe vieler Jahrhunderte enthüllt, und die zahlreichen Aspekte seines unendlichen Reichtums wurden von seinen Anhängern nur sehr langsam in einem Zeitraum von 1500 Jahren erfaßt. Es ist eine merkwürdige Tatsache, daß es kein Inder, sondern ein Tibeter war, der die beste Geschichte des Buddhismus in Indien geschrieben hat. Bu-stons »Geschichte des Buddhismus in Indien und Tibet« (1322) *(Chos-'byung)* ist in seiner Art ein wahres Meisterwerk, umfassend und philosophisch tiefgründig. Der erste Band bietet einen Überblick über die Schriften; der zweite handelt von den »zwölf wichtigsten Ereignissen im Leben des Buddha Śākyamuni«, gefolgt von den »drei Konzilien der Lehre« usw. bis zu den »Prophezeiungen über das Verschwinden der Lehre« in Indien und ihr Weiterleben in Tibet; der dritte Band bietet eine Einführung in den tibetischen Kanon, gefolgt von einem systematischen Inhaltsverzeichnis. Viele andere hervorragende Werke befassen sich entweder mit der Geschichte des Buddhismus in Tibet oder der der verschiedenen Sekten.

Die dritte Leistung ist die tiefe Verwurzelung der buddhistischen Religion im Leben des Volkes. Im Laufe des 15. Jahrhunderts paßten die Schüler Tsong-kha-pas die alte buddhistische Lehre, derzufolge die Buddhas, Heiligen und *bodhisattvas* Phantomkörper heraufbeschwören können, die in keiner Hinsicht von gewöhnlichen Körpern unterscheidbar sind und deren sie sich als eine Art Werkzeug bedienen, um anderen zu helfen und sie zu bekehren, den Erfordernissen der Sozialstruktur an. Sie sind keineswegs »Inkarnationen« des betreffenden Heiligen, sondern freie Schöpfungen seiner magischen Kraft, die er aussendet, um seine guten Werke zu vollbringen, während er selbst ungebunden bleibt. Im 15. Jahrhundert gaben die *dGe-lugs-pas* dieser Lehre feste Gestalt, indem sie behaupteten, daß bestimmte *bodhisattvas* (wie Avalokiteśvara und Maitreya) und Buddhas (wie Amitābha) an bestimmte Orte (wie Lhasa, Urga usw.) eine bestimmte Anzahl von Phantomkörpern (*sprul-sku*, sprich *tulku*, s. S. 60) schickten, damit sie als ihre Priester herrschten. Überdies hielten sie es für möglich, den Phantomkörper des verstorbenen Herrschers in einem 49 Tage nach dessen Tod empfangenen Kind wiederzuentdecken. Die *tulkus* wurden von erfahrenen Mönchen mit Bedacht nach Regeln ausgewählt, die nicht weniger kompliziert waren als jene, die es der Ritenkongregation gestatten, echte von unechten Wundern zu unterscheiden. Die Herrschaft der *tulkus* war das charakteristische Merkmal der lamaistischen Welt während der letzten 450 Jahre. Sie brachte ein hohes Maß an sozialer Stabilität mit sich und bewahrte den Buddhismus bis 1950 wirksam vor dem Eindringen der modernen Zivilisation. Mehr noch: der Lamaismus hat sich als überraschend immun erwiesen gegenüber der zunehmenden Habgier, die den Zusammenbruch der alten Ordnung in Asien andernorts begleitete. Im lamaistischen Ladakh widersetzten sich 1953 die treu ergebenen Pächter klösterlichen Grundbesitzes der Enteignung der Mönche. Die von der indischen Staatsregierung entsandte Kommission berichtete: »Es war ziemlich überraschend, daß die Pächter, die durch die Durchführung des Erlasses (über die Abschaffung des Großgrundbesitzes) in bezug auf die Ländereien der *gumpas* (*dgonpas*, d. h. Klöster) aller Voraussicht nach profitieren mußten, einmütig beschlossen haben, daß diese Ländereien den *gumpas* verbleiben und von der Durchführung dieses Erlasses (*Report of the Wazir Committee*, S. 30f.) ausgenommen werden sollten.«

Die Buddhisten hatten früher schon des öfteren versucht, weltliche und religiöse Macht in ihren Händen zu vereinigen. Dies war jedoch das erste Mal, daß es ihnen gelang. Die Vorteile liegen offen zutage: Es ist dadurch möglich, einem religiösen Leben günstige äußere Bedingungen zu sichern, den Militarismus auf ein Minimum zu beschränken, Tiere zu schützen, der Gewinnsucht zu begegnen und Lärm und innere Unruhe zu bekämpfen. Die unbestrittene Herrschaft der Lamas wurde gestützt durch die Vielseitigkeit ihrer geistigen Interessen, die sich in dem Studienplan der *dGelugs-pas* zeigt, durch ein umfassendes Pantheon sowie durch die Allgegenwart der Gegenstände des Glaubens.

Doch trotz dieses äußeren Erfolges setzte nach dem 17. Jahrhundert ein religiöser Niedergang ein. Daß der Große Fünfte Dalai Lama (1617-1682 [oder 1715]) ständig dem Mittel der Gewalt vertraute, war ein böses Omen für die Zukunft. Das lamaistische System erstarrte allmählich. Waren bis zum 18. Jahrhundert fremde Einflüsse willkommen und wurden gefördert, so wurde das Land danach von der Außenwelt abgeschlossen. Diese Maßnahme spiegelte nicht nur die Politik der Regierung in Peking wider, sondern auch eine gewisse innere Ängstlichkeit. Der Verfall zeigt sich deutlich in den Kunstwerken, die von jetzt an mehr technische Fertigkeit als Schöpferkraft verraten. Selten, aber immerhin noch erkennbar, sind die Spuren jener Qualitäten, welche die tibetische Kunst auf ihrem Höhepunkt ausgezeichnet hatten – jene Kunst mit ihrem Feuer und ihrem fast magischen Reiz, ihrem überwältigenden Mitgefühl und Entsetzen, ihrer ätherischen Leichtigkeit und ihrem dämonischen Zwang sowie ihrem nahezu übermenschlichen Geschick in der Behandlung der Proportionen und im Gebrauch der Farben. Lange Zeit bewahrten seine geographische Unzugänglichkeit und die Rivalität der Großmächte Tibet vor Eroberung. Doch jetzt strömt die moderne Zivilisation ins Land. Straßen, westliche Medizin, Bodenreform und die Erschließung der Bodenschätze haben ihr Werk begonnen – mit verheerenden Folgen für die religiösen Traditionen.

8. *Mongolei*

Die Mongolei wurde zweimal durch tibetische Hierarchen bekehrt. Das erste Mal 1261 durch den *Sa-sKya-pa*-Herrscher 'Phags-pa und dann erneut 1577 durch den Dalai Lama. In der Zeit zwischen 1368 und 1577 war sie zu ihrem ursprünglichen Schamanismus zurückgekehrt. Was die Mongolen am meisten beeindruckte, war die Fähigkeit der Tibeter zu zaubern. Marco Polo berichtet Wunderdinge von den verschiedenen Zauberkunststücken, welche die Lamas am Hofe des Großen Khan vorführten. Als später der Dalai Lama zum Altan Khagan reiste, dem Herrscher der Ostmongolen, zeigte er überall seine magischen Kräfte, zwang Flüsse, aufwärts zu fließen, ließ in der Wüste Quellen hervorsprudeln, und die Spuren der Hufe seines Pferdes bildeten das *Oṃ maṇi padme hūm.* Die Bekehrung der Mongolen zum Buddhismus hatte zur Folge, daß die Lamas viele magische Riten übernahmen, die früher die Schamanen vollzogen hatten. Der buddhistischen Achtung vor dem Leben wurde durch eine Gesetzgebung Geltung verschafft, die die schamanistische Opferung von Frauen, Sklaven und Tieren verbot und die Jagd beschränkte.

Infolge der ersten Bekehrung hatte der Lamaismus am Reichtum des mongolischen Reiches teil, konnte in China – vor allem in Peking – zahlreiche Klöster und Heiligtümer errichten und unter der Yuan-Dynastie (1260-1368) großen Einfluß gewinnen. Die zweite Bekehrung war gefolgt von einem religiösen Eifer, der zeigt, welche Macht die buddhistische Religion über das Denken eines Volkes zu erlangen vermag. Die Frömmigkeit des mongolischen Volkes schien keine Grenzen zu kennen. Die Heiligen Schriften wurden ins Mongolische übersetzt und viele Tausende oft herrlicher Klöster wurden erbaut, in denen bis zu 45 Prozent der männlichen Bevölkerung lebte und die nicht selten Zentren beträchtlicher geistiger Aktivität waren. Im 13. Jahrhundert hatte die Eroberung Irans durch die Mongolen für die Dauer von etwa 50 Jahren zur Gründung von Zentren buddhistischer Kultur auf iranischem Boden geführt, bevor die Ilkhanidenherrscher sich im Jahre 1295 zum Islam bekehrten. Nach ihrer zweiten Bekehrung verbreiteten die Mongolen den Buddhismus bei anderen nomadischen Völkern wie den Burjäten und Kalmücken. Urga wurde zu einem großen Zentrum des Lamaismus. Der letzte Hutuktu starb 1924, und seine Funktionen wurden von der Mongolischen Volksrepublik übernommen. Für die Dauer von drei Jahrhunderten hatte sich die Treue der Mongolen zum Buddhismus durch ihre leidenschaftliche Kraft ausgezeichnet, und da ihr tiefer Glaube sich keine Gedanken über die Folgen machte, kam es – ähnlich wie im Korea des 14. Jahrhunderts – zu einem gewissen Grad nationaler Erschöpfung. Es ist nur natürlich, daß sie sich nun etwas anderem zuwenden sollten.

9. *Die gegenwärtige Lage*

Während des vergangenen Jahrhunderts mußte der Buddhismus fast alle Kräfte aufbieten, um sich mühsam gegen die treibenden Kräfte der modernen Geschichte zu behaupten. Nirgendwo hat er die Initiative gehabt. In den 50er Jahren des 20. Jahrhunderts feierten viele asiatische Buddhisten den 2500. Jahrestag der Erleuchtung des Buddha, der als »Buddha Jayantī« bekannt ist, weil er dessen »Sieg« über Māra bedeutete, der den Tod, das Böse und das Diesseits verkörpert. Dieses Ereignis war von großer Begeisterung gekennzeichnet, die sich jedoch nicht auf den Buddhismus als einer geistigen, sondern als einer gesellschaftlichen Kraft bezog. Mehr noch vielleicht als die Europäer haben die Asiaten in ihrer Gesamtheit gegenwärtig ihr Interesse von religiösen Dingen abgewandt. Soziale und politische Fragen erscheinen ihnen um so vieles dringlicher. Der Buddhismus ist der einzige Faktor, der allen asiatischen Kulturen gemeinsam ist – wenigstens vom Indus und Hindukusch bis Kyōtō und Java. Alle Bewohner Asiens können auf eine Religion stolz sein, die nicht nur fünf Jahrhunderte älter ist als die des Westens, sondern die sich auch ohne große Gewaltanwendung ausgebreitet und behauptet hat und unbefleckt geblieben ist von Religionskriegen, heiligen Inquisitionen, blutigen Kreuzzügen und Hexenverbrennungen. Nationalistisches Geltungsbedürfnis ist im gegenwärtigen Stadium der Geschichte einer der wichtigsten Beweggründe, und die Leistungen der Buddhisten sind gewiß etwas, auf das man stolz sein kann. Indien ehrt den Buddha als einen seiner größten religiösen Lehrer und den buddhistischen Kaiser Aśoka als einen seiner hervorragendsten Herrscher. Nicht nur in Indien, sondern auch in China, Japan und Ceylon waren die glänzendsten Epochen der Geschichte gerade jene, in denen der Buddhismus blühte. Prachtvolle Bauten und Kunstwerke in Hülle und Fülle wie auch eine umfangreiche subtile und oft schöne Literatur sind Zeugnis des kontinuierlichen Stromes kultureller Werte von hohem Rang. Aus buddhistischer Perspektive sind alle diese Dinge natürlich nichts als unbedeutende Kleinigkeiten, zufällige Nebenprodukte intensiver geistiger Kontemplation. Aber es sind herrliche Kleinigkeiten.

Prophezeiungen aus der Zeit um den Beginn der christlichen Zeitrechnung haben 2500 Jahre als Dauer für die Lehre des Buddha Śākyamuni genannt. Danach würden selbst die Mönche »nur im Kämpfen und Schelten stark« sein, und die heilige Lehre würde immer weniger zu erkennen sein. Auch ist es eine Erfahrungstatsache, daß der Buddhismus – wie die anderen traditionellen Religionen – unter dem Druck der industriellen Zivilisation schwer gelitten hat. In den zwei Jahrzehnten seit der »Buddha Jayantī« ist dieses Zerstörungswerk fast vollendet.

Die große Zahl der nördlichen Buddhisten ist jetzt unter kommunistische Herrschaft geraten – zuerst die Äußere Mongolei (1924), dann China (1949), danach Tibet (1950) und schließlich Indochina (1945, 1971). Die Folgen antireligiöser totalitärer Regime sind zwangsläufig negativ. In der Mongolei ist die Religion praktisch erloschen. In China werden die schon unter der Guomindang verfolgten Mönche ermahnt, sich für die Massen zu interessieren und ihr

Gelübde, »allen Lebewesen Wohltaten zu erweisen«, auf eine Weise zu erfüllen, wie sie es nie im Sinn gehabt hatten. Buddhistische Kulturdenkmäler werden als Museumsstücke behandelt und buddhistische Glaubensinhalte als beklagenswerter Aberglaube, der jedoch irgendwie verknüpft ist mit der großen Zeit der Tang-Dynastie und den Tagen Qianlongs und zudem ein wertvolles Bindeglied zu Japan und zu anderen asiatischen Ländern darstellt.

Im Jahre 1959 mußte der Dalai Lama aus Tibet fliehen, wobei ihm etwa 70000 Anhänger nach Indien folgten. Das heilige Land Tibet hat aufgehört zu bestehen, seine feudale Sozialstruktur wurde mit Stumpf und Stiel beseitigt, seine Werke priesterlicher Kunst wie Bücher, Bildnisse und Gemälde wurden zerstört oder entfernt, und seine Bewohner werden mit den Segnungen einer sich industrialisierenden, militarisierten Gesellschaft vertraut gemacht. Seine Aufgabe ist nicht mehr die Bewahrung des Glaubens, sondern der Schutz der Volksrepublik China vor Angriffen Indiens, der Sowjetunion oder der Vereinigten Staaten. Der Einfluß des Marxismus breitet sich auch weiter nach Süden aus. Selbst in Birma und Ceylon (Sri Lanka) stehen viele Mönche in ausreichendem Kontakt zu den einfachen Leuten in den Dörfern, wobei sie sich nach links orientiert haben und für eine Synthese aus Buddhismus und Sozialismus arbeiten.

In vielen Fragen muß es zwischen Kommunisten und Buddhisten unvermeidlich zum Konflikt kommen: allgemeine Wehrpflicht ist mit buddhistischen Vorstellungen unvereinbar, vor allem, wenn sie Mönche einbezieht. Die auf das Jenseits gerichteten Buddhisten stehen dem unkontrollierten Wachstum der angewandten Naturwissenschaft und der Technologie mit Ablehnung gegenüber. Bereits der bloße Bau von Eisenbahnen, Autostraßen und Flugplätzen mit all seinen Folgeerscheinungen schadet der Ruhe und Gelassenheit. Der zentrale Konflikt jedoch betrifft die monastischen Institutionen, ohne die der Buddhismus nicht bestehen kann. In einer der Produktion materieller Reichtümer gewidmeten Gesellschaft muß ein Orden kontemplativer Mönche anomal und parasitär erscheinen, und seine wirtschaftliche Basis wird ziemlich gefährdet sein. Das Schicksal einer ständig gequälten und kaum tolerierten Minderheit ist es, was jene Länder den Buddhisten bieten. So sieht es wenigstens auf der Ebene der gesellschaftlichen Wirklichkeit aus. In der ideellen Sphäre mag es jedoch durchaus anders sein. Die dogmatischen Ähnlichkeiten zwischen dem *mahāyāna*-Buddhismus und dem dialektischen Materialismus sind überraschend groß, und durch einen osmotischen Prozeß werden beide Seiten voneinander lernen, wenn es an der Zeit ist.

Der Schaden, der dem Buddhismus außerhalb des kommunistischen Machtbereichs zugefügt wurde, war nicht weniger ernst. In ihrem Wunsch, die Segnungen ihrer plutokratischen Demokratie im Fernen Osten zu verbreiten, haben sich die Amerikaner aller Mittel ihrer Technologie bedient, um zunächst Japan, dann Korea, anschließend Vietnam und danach Laos und Kambodscha zu verwüsten. Gerade das letztere war ein wahrhaftiger Schaukasten des Buddhismus gewesen. Obwohl es neutral war, wurde es in die Steinzeit zurückgebombt, die gesamte Hochkultur wurde ausgelöscht, und gegenwärtig ist es ziemlich primitiven Bergstämmen in die Hände gefallen. In Birma wurde U Nus kurzlebiger Versuch, den vom Königtum patronisierten Buddhismus einer ruhmreichen Vergangenheit zu erneuern, durch eine monotone Militärdiktatur ersetzt. In Thailand hatten die Monarchie und ihre Anhänger solche Angst vor den Kommunisten, daß das Land einer Militärdiktatur übergeben wurde: buddhistische Mönche hat man amerikanische Panzer mit Weihwasser besprengen sehen, und Zehntausende von USAF-Truppen wurden eingeladen, die Nachbarn mit Hilfe von B-52-Maschinen zu zermalmen. Dies hat den Endsieg des Kommunismus auch dort gesichert.

In Japan hat unser Industriezeitalter jenen Sekten eine Vorzugsstellung eingeräumt, die sich am radikalsten von der ursprünglichen Tradition abgewandt haben: Zen, *shin* und *nichiren. Shin,* die zahlenmäßig erfolgreichste Sekte, hat die buddhistischen Lehren und Praktiken so sehr reduziert, daß sie kaum mehr zu erkennen sind. Auf die angedrohte amerikanische Invasion von 1853 folgte 20 Jahre später die Entstaatlichung der buddhistischen Religionsgemeinschaft und die Verbrennung oder Beschlagnahmung zahlloser Tempel, während die tatsächliche Invasion von 1945 den Klöstern durch MacArthurs »Bodenreform« von 1947-1950 den finanziellen Ruin brachte, zu einem »allgemeinen Trend zur Profanität« und zu verbreiteter religiöser Gleichgültigkeit führte. Sie bewirkte auch ein gewaltiges Anwachsen des nationalistischen Buddhismus. Die letzte japanische Volkszählung zeigt, daß der Anteil der *nichiren*-Gruppen von insgesamt 75 Millionen Buddhisten 30 Millionen beträgt. Von diesen gehört mehr als die Hälfte zur »Wahren *nichiren*-Sekte«, die mit erstaunlicher Schnelligkeit von 350 000 Mitgliedern im Jahre 1955 auf 15 700 000 im Jahre 1968 anwuchs. Innerhalb der *nichiren*-Richtung gibt es Laienbewegungen, die für Kaufleute und Handwerker gegründet und von ihnen getragen werden – alles bescheidene und gewöhnliche Durchschnittsbürger, denen es darum geht, ihre Lebensbedingungen zu verbessern. Die größten sind die *sōka-gakkai, reiyū-kai* und *risshō-kōsai-kai,* gegründet 1930, 1925 und 1938. Ihrem Erscheinen und Verhalten nach sind diese Leute den Kiwanianern oder den Shriners nicht unähnlich, wenngleich sie als Japaner mit einem besseren Geschmack und einem besseren ästhetischen Urteilsvermögen gesegnet sind und als *mahāyāna*-Buddhisten dem Echo einer sehr hohen Spiritualität ausgesetzt sind. Das ist einer der erfolgreicheren Versuche des Buddhismus, mit dem »Amerikanischen Jahrhundert« zurechtzukommen. Man darf mit Recht bezweifeln, daß der Kapitalismus sich den Buddhisten gegenüber in irgendeiner Weise freundlicher gezeigt hat als der Kommunismus.

Als positiv zu vermerken sind vor allem die beträchtlichen Anstrengungen, die in den letzten Jahren in Birma, Thailand, Japan und Sri Lanka (Ceylon) gemacht wurden, um die alten Meditationsmethoden zu erhalten und wiederzubeleben. In der Abgeschlossenheit der Meditationszentren wird der alte Glaube wieder Kraft gewinnen, um der Welt neue Wohltaten zu erweisen.

In Anbetracht der Tatsache, daß die Hochburgen des Buddhismus im Osten eine nach der anderen zerstört wurden, ist es ein gewisser Ausgleich, daß sich diese Religion langsam, aber stetig in den kapitalistischen Ländern des Westens ausgebreitet hat. Dort ist sie auf drei verschiedenen Ebenen aufgenommen worden: der philosophischen, der wissenschaftlichen und der der Sekten.

1. Die philosophische Rezeption begann im Jahre 1819 mit Arthur Schopenhauer und hat sich seitdem ziemlich gleichmäßig fortgesetzt. Obwohl Schopenhauer nur zu ganz wenigen Originalzeugnissen Zugang hatte, schuf er das buddhistische Gedankengebäude von kantianischen Voraussetzungen aus mit einer solchen Genauigkeit nach, daß man geradezu glauben könnte, er erinnere es aus einem früheren Leben. Er seinerseits beeinflußte in hohem Maße Musiker wie Richard Wagner, Philosophen wie Bergson und viele andere schöpferische Menschen in Westeuropa. Von einem ganz anderen Standpunkt her brachte die geniale Helene Petrovna Blavatsky dem Westen viele der grundlegenden Lehren des *mahāyāna*-Buddhismus nahe, und ihre Theosophische Gesellschaft hat die weitere Forschung vielfältig gefördert. In neuerer Zeit haben so unterschiedliche Philosophen wie Rickert, Jaspers, Wittgenstein und Heidegger bezeugt, daß sie vom Buddhismus beeinflußt worden sind, und in den letzten 20 Jahren ist eine umfangreiche Literatur über die Beziehung zwischen verschiedenen buddhistischen Denksystemen und jenen europäischer Denker der Neuzeit entstanden. Diese Literatur ist durchweg von so hoher Qualität, daß sie mit Sicherheit im westlichen wie im östlichen philosophischen Denken ihre Spuren hinterlassen wird. Eines Tages wird der Westen, des Kritisierens über-

drüssig, wieder kreativ werden, und der jetzt so eingeschüchterte Osten wird wieder sein Haupt erheben.

2. 150 Jahre lang haben unzählige Dokumente der buddhistischen Geschichte, sei es literarischer oder künstlerischer Art, die Aufmerksamkeit zahlreicher Gelehrter auf sich gezogen. Bis zu einem gewissen Grad war dieses Interesse durch die administrativen Bedürfnisse imperialistischer Regierungen hervorgerufen, die unter ihren frisch unterworfenen Untertanen Buddhisten vorfanden. Auf diese Weise kamen die Russen dazu, die Anschauungen ihrer sibirischen Buddhisten zu studieren; verwirrt durch die ceylonesische Einstellung zum Grundbesitz wandten sich die Engländer – unter ihnen Rhys Davids – den religiösen Büchern zu, um eine Antwort zu finden; die Franzosen leisteten außergewöhnlich gute Arbeit mit ihrer École Française d'Extrême Orient, die ihren Sitz in Saigon hatte; mit Verspätung hatten sogar die Amerikaner ihrer Armee eine Schule für orientalische Sprachen angegliedert, wo viele der Orientalisten ihre erste Ausbildung erhalten haben, die jetzt an amerikanischen Universitäten arbeiten, deren Absolventen von Stipendien des N(ational) D(efence) E(xpense) A(ccount) leben und die stark vom CIA, FBI und den großen Stiftungen subventioniert werden. Aber dies war nicht alles. So wie sich der Buddhismus als die für den Export geeignetste Erscheinungsform der indischen Kultur erwies, so hat keine andere Erscheinungsform asiatischen Denkens in Europa mehr Interesse gefunden. Keine andere Religion hat eine solch glänzende Schar hochbegabter Gelehrter angezogen, und zwar nicht nur erstrangige Philologen, die von den oftmals schwierigen Sprachen gefesselt waren, in denen die Buddhisten schrieben, sondern auch hervorragende Geister, welche sich darauf konzentrierten, die Feinheiten und Tiefen des buddhistischen Denkens zu deuten. Es brauchte eine lange Zeit, um zum Kern des buddhistischen Denkens vorzudringen oder auch nur seine Terminologie zu verstehen. Anfangs befanden wir uns in der Lage von Ägyptologen, die, da alle

Priester gestorben waren, wilde Vermutungen anstellen mußten, und die es fertigbrachten, das, was den besten Griechen als höchste Weisheit galt, auf einen Mischmasch von Absurditäten zu reduzieren. Genauso war den ersten Interpreten – Statthaltern, Missionaren, Militärs und Finanzverwaltern – die buddhistische Religion als absurder Unsinn erschienen. Es gab natürlich einige Ausnahmen wie R. Ch. Childers (um 1870), und seinen Fußstapfen folgend gaben die dünkelhaften Eroberer Asiens nach einiger Zeit ihre starre Haltung auf und versuchten, von den buddhistischen Mönchen zu lernen, die in Japan, Ceylon und Sibirien überlebt hatten. In den 30er Jahren des 20. Jahrhunderts begannen die Dinge Gestalt zu gewinnen, und heute können wir ziemlich sicher sein, daß wir den spirituellen Sinn erfassen, den die buddhistischen Autoren ausdrücken wollten.

3. Aus den stratosphärischen Höhen der Philosophie und vom gebirgigen Terrain der Gelehrsamkeit steigen wir jetzt in die Niederungen des volkstümlichen Sekten-Buddhismus hinab. Seit bald 80 Jahren sind – vor allem in protestantischen Ländern – buddhistische Gesellschaften entstanden. Dort bilden sie eine der kleineren Nonkonformisten-Sekten. Sie versuchen, die aktive Liebe der Christen durch ihre gewaltfreiere *mettā* zu überstrahlen, den Sinn der Heiligen Schriften des Buddhismus aufgrund von oft ungenauen englischen Übersetzungen zu ermitteln, ohne meist die Originaltexte zu konsultieren, sowie gute Werke, ein untadeliges Leben und eine unentwegte Verunglimpfung des rationalen Denkens durch Meditation und ein wenig exotischen Zauber zu ergänzen. Im Lauf der letzten 20 Jahre sind diese Gruppen und Konventikel schnell an Zahl und finanzieller Bedeutung gewachsen. Zuerst zogen sie ihre Begeisterung fast ausschließlich aus dem, was sie über die Pāli-Schriften in Erfahrung bringen konnten, die sie als gute Protestanten für das ursprüngliche Evangelium, für den Buddha-*dharma* in seiner ursprünglichen Reinheit hielten;

im Sog der großartigen Veröffentlichungen von Daisetz Taitaro Suzuki in den 30er Jahren kam es zu einer Flut von Publikationen, die sich selbst die Bezeichnung »Zen« gaben; danach lieferten Conze und andere eine gründlichere Kenntnis der *prajñāpāramitā*- und weiterer früher *mahāyāna*-Texte; und seit 1950 hat es zahlreiche Versuche gegeben, der Mixtur ein wenig *tantra* beizumengen. In Amerika verstreuten Seite an Seite mit den organisierten buddhistischen Gruppen einige Talente wie Alan Watts und Gary Snyder freigebig eine Fülle unzusammenhängender Ideen wie Samenhülsen in alle Winde. In den 60er Jahren besaßen sie einen gewissen Einfluß auf die »Gegenkultur«, die sich von dem Abscheu vor den Belastungen durch die technologische Konsumgesellschaft und den Schrecken des Vietnamkrieges nährte. Im allgemeinen jedoch bleiben die Sekten-Buddhisten unter sich und haben kaum Einfluß auf die Welt als Ganzes. Niemand kann gegenwärtig ihre mögliche Wirkung abschätzen. Alles, was sie betrifft, liegt im Dunkeln – sei es ihre Zahl, ihre Geldquellen, die soziale Herkunft ihrer Mitglieder, ihre Motivation, ihre geistige Reife, ihr dogmatischer Standpunkt oder der Umfang ihres Einflusses. Warum also die Zukunft erforschen?

Selbstlosigkeit und Zurückhaltung waren in der Vergangenheit die wirksamsten Waffen der Buddhisten. Würden sie jetzt anfangen, sich darüber Sorgen zu machen, ob sich buddhistische Einrichtungen in unsrer gegenwärtigen Welt werden behaupten können, würden sie schmählich von der Auffassung ihrer geistigen Ahnen abgehen. Gefragt, »wie ein Tropfen Wasser davor bewahrt werden könne, jemals zu verdunsten«, hatte der Buddha geantwortet: »Indem man ihn ins Meer wirft«. Solche Aussprüche waren es, um derentwillen er als der Erleuchtete verehrt worden ist.

NACHWORT
ZUM LEBEN UND WERK EDWARD CONZES

Edward Conze, einer der bedeutendsten Buddhologen unseres Jahrhunderts, wurde in England geboren (am 18. 3. 1904 in Forest Hill, Lewisham, London) und ist in England gestorben (24. 9. 1979 in Yeovil, Somerset), aber er war von deutscher Abstammung. Sein Vater gehörte zunächst zum diplomatischen Dienst und war zuletzt Landgerichtsdirektor in Düsseldorf. Conzes Großeltern, väterlicher- wie mütterlicherseits, waren Seidenfabrikanten im Rheinland. Edward (bis 1933 Eberhard) Conze wuchs in Deutschland auf, wo er Schulen (darunter das Landschulheim von Dr. Hermann Lietz) und Universitäten besuchte. Bestimmte Grundhaltungen seines Wesens wurden früh geprägt: seine Anglophilie, sein Sinn für soziale Gerechtigkeit, sein Abscheu vor dem »lärmenden ultrapatriotischen alldeutschen Militarismus«, seine Vorliebe für das Leben auf dem Lande. Die Eigenschaft, gegen den Strom zu schwimmen, konträr zu sein, war ganz bestimmend für sein Charakterbild. Zu seinen frühen Bildungseindrücken gehörte der Buddhismus, dem er schon als Dreizehnjähriger in den Japandarstellungen Lafcadio Hearns begegnete. Conze studierte Philosophie, Psychologie und Indologie an den Universitäten Tübingen, Heidelberg, Kiel und Köln. In Heidelberg führte ihn 1924/25 Max Walleser zum »Großen Fahrzeug« des Buddhismus, das später auch Conzes zentrales Forschungsgebiet werden sollte. Der Kreis um Heinrich Rickert machte ihn mit dem Zen bekannt. Die buddhistische Kunst aus Ostturkestan lernte er in Berlin durch Albert von Le Coq, einem der Teilnehmer der preußischen Turfanexpeditionen kennen und schätzen. Auf dem Gebiet der Philosophie hat Max Scheler den nachhaltigsten Einfluß auf Conze ausgeübt. 1928 wurde Conze mit der Dissertation *Der Begriff der Metaphysik bei Franciscus Suarez S. J.* in Köln zum Dr. phil. promoviert.

Diese Arbeit hatte Heinrich Scholz in Kiel angeregt. Vorarbeiten zu dieser Doktorarbeit führten ihn in das Jesuitenkloster Valkenburg in Holland, wo er scholastisches Latein studierte. Die Jesuiten beeindruckten ihn sehr und nahmen ihm den letzten Glauben an die protestantische Religion. Nach seiner Promotion setzte er seine Studien in Bonn und Hamburg fort. In Bonn weckte Johannes Verweyen seine Neigung für Theosophie und Astrologie. Im selben Jahr trat Conze aktiv in der Kommunistischen Partei hervor. »You see I have many faces«, sagte er mir einmal in London und schien stolz auf soviel facettenreiches *»placet experiri«*. Der Parteieintritt entsprach nicht nur seinem radikalen sozialen Engagement, sondern auch einem modischen Trend jener Jahre für Söhne aus gutem Haus: damals dieser Partei beizutreten war »fashionable« wie Rebhuhnjagd in England. 1932 veröffentlichte er das 552 Seiten umfassende Werk *Der Satz vom Widerspruch. Zur Theorie des Dialektischen Materialismus* (Neudruck Frankfurt am Main 1976). Seine Hoffnung, sich unter Bruno Cassirer in Hamburg habilitieren zu können, zerschlug das Jahr 1933. Wegen seiner antifaschistischen Aktivität mußte Conze vor den Nazis aus Deutschland flüchten, die, wie Conze mir erzählt hat, überdies fälschlich meinten, Conze käme von Cohn. Er emigrierte nach England, wo er, da dort geboren, bald einen britischen Paß erhielt. Nach einigen Jahren löste er sich vom Kommunismus. Seine eher anarchistische, die Gewalt als Mittel zum Ziel ablehnende Haltung ließ ihn immer mehr auf Distanz zu dieser Ideologie gehen. Eine Spanienreise 1936 – über die er ein Buch veröffentlichte – machte ihn zum trauernden Beobachter einer riesigen sinnlosen Tragödie, die beiden Seiten nur Leid bringen konnte. Auf der ominösen deutschen Liste der nach einer Invasion in England zu verhaftenden Personen nimmt Conze einen ehrenvollen 67. Platz ein. Von 1933 an verdiente Conze seinen Lebensunterhalt als Tutor für Psychologie und Philosophie an Abendschulen in London und Oxford. Die Werke des Japaners D. T. Suzuki und des Inders Har Dayal führten ihn wieder zum Buddhismus. Von 1943-49 trieb er indologische Studien in Oxford. In London trat er der Buddhist Society bei, in der er auch selbst Vorträge hielt. In den Nachkriegsjahren erschienen rund zwanzig Bücher und hundert Aufsätze über Probleme des Buddhismus, die ihn rasch international bekannt machten. Gastprofessuren führten ihn 1963/64 an die Universität von Wisconsin, Madison, Wisc., 1965-68 an die Universität von Washington, Seattle, Wash., 1969/70 an die Universität Bonn und 1972/73 nach Berkeley und Santa Barbara. 1973 zog sich Conze dann in sein Haus nach Sherborne, Somerset, zurück und widmete sich ganz seinen buddhologischen Forschungen. In ihrem Zentrum stand die Philosophie des *mahāyāna*-Buddhismus, deren ontologische Fragestellungen von der Buddhologie lange vernachlässigt oder gar mißverstanden worden sind. Diese Philosophie hat in der umfangreichen Literatur über die *prajñāpāramitā* (transzendentale Weisheit oder Vollkommenheit der Erkenntnis) ihren Niederschlag gefunden. Während der Kanon des alten Buddhismus zuerst in der Pāli-Sprache aufgezeichnet worden ist, sind diese *mahāyāna*-Texte anfänglich in Sanskrit konzipiert worden. Eine Gesamtdarstellung über die *prajñāpāramitā*-Literatur (einschließlich der tibetischen, chinesischen und japanischen Versionen) hat Conze 1960 (Tokio ²1970) veröffentlicht. Mehrere dieser Texte hat Conze in Sanskrit bzw. Tibetisch herausgegeben, ins Englische übersetzt und kommentiert. Ebenso hat er zu allgemeinen Fragen des Buddhismus eingehend Stellung bezogen. Sein Buch *Buddhism. Its Essence and Development* (Oxford 1951) ist auch in französischer, deutscher, italienischer, holländischer, japanischer und spanischer Übersetzung erschienen. Seine Werke *Buddhist Meditation* (London 1956) und *Buddhist Thought in India* (London 1962) werden in deutscher Übersetzung im Insel Verlag erscheinen.

Im Jahre 1979 veröffentlichte Conze seine Lebenserinnerungen im Selbstverlag unter dem Titel *The Memoirs of a Modern Gnostic.* Conze hat sich stets dazu bekannt, ein Mensch mit seinem Widerspruch zu sein. Auch hatte er ein feines Gespür entwickelt für die Widersprüchlichkeit der Ideologien unseres Jahrhunderts. Seine Memoiren zeigen, wie er die Kunst beherrschte, zwischen den Stühlen zu sitzen. Die genehmste Lebensform blieb ihm die englische, der annehmbarste Glaube der buddhistische.

Ein Jahr nach Conzes Tod erschien 1980 in erster Auflage *A Short History of Buddhism,* deren deutsche Übersetzung wir hier vorlegen. Die Grundlage dieses Buches bildet Conzes Beitrag »Buddhismo« (in: *Le Civiltà dell'Oriente,* 1958). Der englische Text, der diesem italienischen Beitrag zugrunde liegt, erschien 1960 in Bombay. Conze hat diesen Text völlig überarbeitet und bis zum Jahre 1978 weitergeführt. Gerade die letzen beiden Jahrzehnte haben gezeigt, welchen Gefahren der Buddhismus durch die Politik der Großmächte ausgesetzt war. Man denke an Tibet, Vietnam, Kambodscha. Conze sieht diese Bedrohungen in schwärzesten Farben. Hier darf man einwenden, daß Religionen – die Geschichte des Judentums und Christentums hat es bewiesen – gerade in Zeiten äußerer Bedrängnis eine neue Dynamik entwickeln können. Heute, nach 2500 Jahren buddhistischer Geschichte, ist freilich eine Krise unverkennbar. Wie Conze zeigt, waren die Buddhisten einer gewissen Zahlenmystik gegenüber aufgeschlossen, und der westliche Leser wird nicht ohne Verblüffung zur Kenntnis nehmen, daß sich die Geschichte des Buddhismus zwanglos und sinnvoll in drei Perioden zu je 500 Jahren (von ca. 500 v. Chr. bis 1000 n. Chr.) und in eine vierte (aber gewiß doch nicht letzte!) von ca. 1000 n. Chr. bis heute einteilen läßt. In den ersten drei Perioden entstehen die drei Fahrzeuge: *hīnayāna*, *mahāyāna* und *vajrayāna*, wandelt sich das Ideal vom *arhat* über den *bodhisattva* zum *siddha* (s. S. 10) und verschiebt sich die Spekulation von psychologischen und ontologischen zu tantrisch-magischen Fragestellungen. Immer weiter strahlt die buddhistische Lehre aus und breitet sich schließlich bis nach Japan aus, verlöscht aber um 1000 n. Chr. in Indien. Erst in der Neuzeit gewinnt dort der Buddhismus wieder an Boden und springt von Asien nach Europa und Amerika über. Conzes letztes Buch ist zugleich die letzte konzise Darstellung des Weltbuddhismus.

Friedrich Wilhelm

BIBLIOGRAPHIE

E. W. Adikaram, *Early History of Buddhism in Ceylon*, Colombo ^{2}1953.

M. Anesaki, *History of Japanese Religion*, Rutland ^{10}1980.

M. Aris, *Bhutan: The Early History of a Himalayan Kingdom*, Warminster 1980.

A. Bareau, *Les sectes bouddhiques du petit véhicule*, Saigon 1955.

A. Bareau u. a., *Die Religionen Indiens*, Bd. III: *Buddhismus*, Stuttgart 1964.

W. M. T. de Bary (Hg.), *The Buddhist tradition in India, China and Japan*, Neuausgabe New York 1972.

C. R. Bawden, *The Jebtsundampa Khutuktus of Urga*, Wiesbaden 1961.

H. Bechert, *Buddhismus. Staat und Gesellschaft in den Ländern des Theravāda-Buddhismus*, 3 Bde., Bd. 1: Frankfurt, Berlin 1966, Bde. 2 u. 3: Wiesbaden 1967 u. 1973.

H. Bechert u. G. v. Simson (Hg.), *Einführung in die Indologie*, Darmstadt 1979.

S. Beyer, *The Buddhist Experience*, Belmont 1974.

J. W. Boyd, *Satan and Mara. Christian and Buddhist Symbols of Evil*, Leiden 1975.

R. Butwell, *U Nu of Burma*, Stanford ^{2}1970.

J. E. Carpenter, *Buddhism and Christianity*, London 1923.

K. S. Ch'en, *Buddhism in China*, Princeton ^{4}1972.

G. Coedès, *Les états hindouisés d'Indochine et d'Indonésie*, Neudruck Paris 1964.

E. Conze, *Buddhist Thought in India*, London 1962.

C. Conze, *Buddhist Meditation*, Neudruck London 1972.

E. Conze (Hg.), *Im Zeichen Buddhas. Buddhistische Texte*, Frankfurt 1957.

E. Conze, *Der Buddhismus. Wesen und Entwicklung*, Stuttgart ^{7}1981.

A. K. Coomaraswamy, *Geschichte der indischen und indonesischen Kunst*, Leipzig 1927.

A. K. Coomaraswamy, *Buddha and the Gospel of Buddhism*, Neuausgabe New York 1964.

A. L. Dallapiccola (Hg.), *The Stūpa: Its Religious, Historical and Architectural Significance*, Wiesbaden 1980.

E. Dargyay u. U. Gruber, *Ladakh. Innenansicht eines Landes*, Düsseldorf 1980.

S. B. Dasgupta, *An Introduction to Tantric Buddhism*, Kalkutta ^{2}1950.

S. B. Dasgupta, *Obscure Religious Cults as Backgrounds of Bengali Literature*, Kalkutta ^{2}1962.

Har Dayal, *The Bodhisattva Doctrine in Buddhist Sanskrit Literature*, London 1932.

P. Demiéville, *Le concile de Lhasa*, Paris 1952.

P. Demiéville, *Récents travaux sur Touen-Houang*, Leiden 1970.

P. De Silva, *An Introduction to Buddhist Psychology*, New York 1979.

Prinz Dhani Nivat, *A History of Buddhism in Siam*, Bangkok 1960.

H. Dumoulin, *Zen. Geschichte und Gestalt*, Bern 1959.
H. Dumoulin (Hg.), *Buddhismus der Gegenwart*, Freiburg i. Br. 1970.
N. Dutt, *Aspects of Mahayana Buddhism*, London 1930.
M. Eder, *Geschichte der japanischen Religion*, Bd. 2.: *Japan mit und unter dem Buddhismus*, Tokyo 1978.
W. Eichhorn, *Die Religionen Chinas*, Stuttgart 1973.
Ch. Eliot, *Japanese Buddhism*, London 1935.
J. Eracle, *L'art des thanka et le Bouddhisme tantrique*, Genf 1970.
W. Y. Evans-Wentz, *Milarepa, Tibets großer Yogi*, München 1937.
P. Fischer (Hg.), *Buddhismus und Nationalismus im modernen Japan*, Bochum 1979.
A. Foucher, *La vie du Bouddha*, Paris 1949.
H. G. Franz, *Buddhistische Kunst Indiens*, Leipzig 1965.
L. Frédéric, *Südostasien. Tempel und Skulpturen*, Essen 1968.
Fung Yu-lan, *A History of Chinese Philosophy*, Bd. 2, Princeton 1953.
J. N. u. P. N. Ganhar, *Buddhism in Kashmir and Ladakh*, New Delhi 1956.
S. Gaulier u. a., *Buddhism in Afghanistan and Central Asia*, 2 Bde., Leiden 1976.
J. Gernet, *Les aspects économiques du Bouddhisme dans la société chinoise du Ve au Xe siècles*, Saigon 1956.
H. A. Giles, *The Travels of Fah-hien*, Neuausgabe Cambridge 1923.
M. Giteau, *Angkor*, Stuttgart 1976.
H. v. Glasenapp, *Der Buddhismus, eine atheistische Religion*, München 1966.
H. v. Glasenapp, *Pfad zur Erleuchtung. Buddhistische Grundtexte, übersetzt und herausgegeben*, Düsseldorf [11]1980.
R. F. Gombrich, *Precept and Practice: Traditional Buddhism in the Rural Highlands of Ceylon*, Oxford 1971.
A. B. Griswold u. a., *Burma – Korea – Tibet* (Kunst der Welt), Baden-Baden [2]1979.
G. Grönbold, *Die Mythologie des indischen Buddhismus*, Stuttgart 1976.
C. Gudmunsen, *Wittgenstein and Buddhism*, London 1977.
H. V. Guenther, *Philosophy and Psychology in the Abhidharma*, Berkeley u. London [3]1976.
H. V. Günther u. Tschögyam Trungpa, *Tantra im Licht der Wirklichkeit*, Freiburg i. Br. 1976.
G. E. Harvey, *History of Burma*, London 1925.
A. Höfer u. a., *Die Religionen Südostasiens*, Stuttgart 1975.
H. Hoffmann, *Die Religionen Tibets*, Freiburg u. München 1956.
H. Hoffmann, *Symbolik der tibetischen Religionen und des Schamanismus*, Stuttgart 1976.
Th. Hoover, *Die Kultur des Zen*, Düsseldorf 1978.
C. Humphreys, *Sixty Years of Buddhism in England*, London 1968.
K. N. Jayatilleke, *Early Buddhist Theory of Knowledge*, London 1963.
J. W. de Jong, *A Brief History of Buddhist Studies in Europe and America*, Varanasi 1976.
A. u. P. Keilhauer, *Ladakh und Zanskar. Lamaistische Klosterkultur*, Köln 1980.

W. Kirfel, *Symbolik des Buddhismus*, Stuttgart 1959.
E. Lamotte, *Histoire du Bouddhisme Indien, des origines à l'ère śaka*, Louvain 1958.
D. I. Lauf, *Eine Ikonographie des tibetischen Buddhismus*, Graz 1979.
L. de la Vallée Poussin, *Nirvana*, Paris 1925.
A. v. Le Coq u. E. Waldschmidt, *Die buddhistische Spätantike in Mittelasien*, 7 Bde., Berlin 1922-33, Neudruck Graz 1973-75.
R. C. Lester, *Theravada Buddhism in South East Asia*, Ann Arbor 1973.
A. Lommel, *Kunst des Buddhismus. Aus der Sammlung des Staatlichen Museums für Völkerkunde in München*, Zürich 1974.
H. Nakamura, *Ways of Thinking of Eastern Peoples: India-China-Tibet-Japan*, Honolulu 1964.
Nyanatiloka, *Buddhistisches Wörterbuch*, Konstanz ²1976.
H. Obermiller, *History of Buddhism of Bu-ston*, 2 Bde., Heidelberg 1931, 1932.
H. Oldenberg, *Buddha*, hg. von H. v. Glasenapp, Stuttgart ¹³1959.
I. P. Oliver, *Buddhism in Britain*, London 1979.
B. C. Olschak, *Mystik und Kunst Alttibets*, Bern 1972.
C. Osgood, *The Koreans and their Culture*, New York 1951.
W. Peiris, *The Western Contribution to Buddhism*, Delhi 1973.
E. D. Philips, *The Mongols*, London 1969.
J. B. Pratt, *Pilgrimage of Buddhism and a Buddhist Pilgrimage*, London 1928.
J. Prip-Møller, *Chinese Buddhist Monasteries*, Hongkong ²1967.
W. Rahula, *History of Buddhism in Ceylon, The Anuradha Period*, Colombo ²1966.
N. Ray, *Sanskrit Buddhism in Burma*, Amsterdam 1936.
D. R. Regmi, *Ancient Nepal*, Kalkutta ³1969.
D. R. Regmi, *Mediaeval Nepal*, 4 Bde., Kalkutta 1965-66.
D. R. Regmi, *Modern Nepal*, 2 Bde., Kalkutta 1975.
R. Robinson, *The Buddhist Religion*, Belmont 1970.
G. Roerich, *The Blue Annals*, 2 Bde., Kalkutta 1949, 1953.
K. Saha, *Buddhism and Buddhist Literature in Central Asia*, Kalkutta 1970.
E. Sarkisyanz, *Buddhist Backgrounds of the Burmese Revolution*, Den Haag 1965.
D. Schlingloff, *Die Religion des Buddhismus*, 2 Bde., Berlin 1962, 1963.
H. Schmidt-Glintzer, *Die Identität der buddhistischen Schulen und die Kompilation buddhistischer Universalgeschichten in China*, Wiesbaden 1982.
U. Schneider, *Die großen Felsenedikte Aśokas*, Wiesbaden 1968.
U. Schneider, *Einführung in den Buddhismus*, Darmstadt 1980.
G. Schüttler, *Die Erleuchtung im Zen-Buddhismus*, Freiburg i. Br. 1974.
G. Schulemann, *Geschichte der Dalai-Lamas*, Leipzig ²1958.
H. W. Schumann, *Der historische Buddha*, Düsseldorf 1982.
D. Seckel, *Buddhistische Kunst Ostasiens*, Stuttgart 1957.
D. Seckel, *Kunst des Buddhismus*, Baden-Baden 1962.
B. L. Smith (Hg.), *Tradition and Change in Theravada Buddhism*, Leiden 1973.

D. E. Smith, *Religion and Politics in Burma*, Princeton 1968.
D. L. Snellgrove, *Buddhist Himalayas*, Oxford 1957.
D. L. Snellgrove (Hg.), *The Image of the Buddha*, London 1978.
D. L. Snellgrove, *Himalayan Pilgrimage*, Boulder 1981.
D. L. Snellgrove u. S. u. T. Skorupski, *Cultural Heritage of Ladakh*, 2 Bde., Warminster 1979, 1980.
Th. Stcherbatsky, *Buddhist Logic*, Neudruck Osnabrück 1970.
A. Stein, *Serindia*, 5 Bde., Oxford 1921.
E. Steinilber-Oberlin, *The Buddhist Sects of Japan*, London 1938.
D. T. Suzuki, *Zen und die Kultur Japans*, Hamburg 1958.
D. T. Suzuki, *Essays in Zen Buddhism*, Neudruck London 1974-80.
D. T. Suzuki, *Die große Befreiung. Einführung in den Zen-Buddhismus*, München 1980.
S. J. Tambiah, *World Conqueror and World Renouncer*, Cambridge 1976.
E. J. Thomas, *The Life of the Buddha as Legend and History*, Neudruck London 1952.
G. Tucci und W. Heissig, *Die Religionen Tibets und der Mongolei*, Stuttgart 1970.
G. Tucci, *Geheimnis des Mandala: Theorie und Praxis*, Weilheim 1972.
G. Tucci, *Tibetan Painted Scrolls*, 3 Bde., Neuausgabe Kyoto 1980.
H. Uhlig, *Das Bild des Buddha*, Berlin 1979.
H. Uhlig, *Tantrische Kunst des Buddhismus*, Berlin 1981.
M. W. de Visser, *Ancient Buddhism in Japan*, 2 Bde., Leiden 1935.
E. u. R. L. Waldschmidt, *Nepal. Kunst aus dem Königreich im Himalaja*, Recklinghausen 1967.
E. Waldschmidt, *Von Ceylon bis Turfan*, Göttingen 1967.
E. Waldschmidt, *Gandhara, Kutscha, Turfan*, Leipzig 1925.
E. Waldschmidt, *Die Legende vom Leben des Buddha*, Graz 1982.
A. K. Warder, *Indian Buddhism*, Delhi ²1980.
Th. Watters, *On Yuan Chwang's Travels in India*, 2 Bde., London 1904, 1905.
H. Welch, *The Practice of Chinese Buddhism 1900-1950*, Cambridge, Mass. 1967.
K. Wells, *Thai Buddhism. Its Rites and Activities*, Bangkok 1960.
J. D. Wickert, *Borobudur*, Jakarta ²1977.
A. F. Wright, *Buddhism in Chinese History*, Stanford ³1970.
H. Zimmer, *Kunstform und Yoga im indischen Kultbild*, Neuausgabe Frankfurt 1976.
E. Zuercher, *The Buddhist Conquest of China*, 2 Bde., Leiden ²1972.